ALONSO DE GARAY

TALLER ADG

Arquine

TALLER ADG

Primera edición First edition
2020

Ámsterdam 163 A, Colonia Hipódromo, 06100, Ciudad de México
ISBN 978-607-9489-73-1
arquine.com

Taller ADG

Concepto de diseño Design concept	**Carmen Cantú**

Arquine

Dirección general Director	**Miquel Adrià**
Dirección editorial Publishing director	**Brenda Soto**
Coordinación editorial Editorial coordinator	**Miguel Caballero**
Diseño maestro Master design	**Gabriela Varela + David Kimura**
Corrección de estilo Copy editing	**Christian Mendoza**
Traducción Translation	**Gregory Dechant**
Formación Page layout	**Estudio Polímata**
Preprensa Prepress	**A. Andrés Monroy**

GBM REAL ESTATE · INTERCERAMIC · TIERRA CAPITAL

CONTENIDO CONTENT

INTRODUCCIÓN

INTRODUCTION

El arquitecto apela al sentido común, quizá olvidando que es el menos común de los sentidos. Propone abordar los proyectos desde la sensatez, de la manera más natural, para resolver el programa atendiendo a sus *raíces,* desde la *simplicidad,* la *calidad* y *equilibrio,* con la vocación de crear una obra *atemporal* y *bella.* El proyecto es un proceso en una determinada dirección. Desde su posición pragmática, Alonso de Garay renuncia a teorías y postulados con la confianza de que la obra concluida debe expresar los valores éticos y estéticos de su autor, sin mediación alguna. Su trabajo es deliberadamente no utópico ya que intenta operar conscientemente dentro de los límites de las condiciones del mercado.

Este libro reúne una selección de obras que reflejan el trabajo de los primeros diez años del Taller ADG y trata de ilustrar los conceptos que expresan el modo de pensar de su autor ante distintos programas y escalas —de la vivienda mínima al estadio— sin un estilo reconocible, eludiendo cualquier tipo de narcisismo. Impasible ante las modas realiza una operación alquímica, resultado de la tensión entre idea y materia, para producir una obra platónica sustentada en el orden y la claridad.

An architect appeals to common sense, forgetting perhaps that it is the least common of all the senses. An architect seeks to approach design by way of good sense, in the most natural way possible, in order to resolve a program with attention to its *roots*, by means of *simplicity*, *quality*, and *balance*, in the aim of creating a *timeless* and *beautiful* work. Working from his own pragmatic perspective, Alonso de Garay does without theoretical postulates, trusting that the finished work will express the ethical and esthetic values of its author, without mediation of any kind. His work is deliberately non-utopian, as he strives to operate consciously within the limits of market conditions.

This books gathers a selection of works that reflect the work of the first ten years of Taller ADG and seeks to illustrate the concepts that express the architect's way of thinking when confronted by different programs and scales —from single-family dwellings to stadiums—, characterized by no recognizable style and avoiding all manner of narcissism. Impervious to fashions, the work of Taller ADG performs a sort of alchemistic operation —the result of a tension between idea and material— to produce an *oeuvre* of Platonic ideality, based on order and clarity.

SENSATEZ Y OSADÍA

COMMON SENSE AND AUDACITY

ALONSO DE GARAY

MIQUEL ADRIÀ

CARLOS DE LA MORA

Alonso de Garay estudió arquitectura en la Universidad Anáhuac del Norte y en 2009 se transfirió a Nueva York para cursar la maestría de Arquitectura y Diseño Urbano en el GSAPP *Graduate School of Architecture Planning and Preservation* de Columbia University.

Alonso de Garay (ADG): Yo regresé a México en 2013 con la intención de hacer arquitectura y urbanismo con proyectos que tuvieran impacto en México. Cuando trabajé en Foster fue con la intención de ampliar mi formación, pero no sabía cuánto iba a durar y, a decir verdad, no sé bien cuándo llegó el momento de partir, pero de repente sentí que necesitaba regresar a México y empezar solo.

Carlos de la Mora (CDLM): ¿Pero pasó algo, o fue simplemente un sentimiento?

ADG Fue un sentimiento, llevaba casi 3 años y me sentía bien, inclusive en algún momento pensé que podía quedarme hasta 10 años porque estaba joven, recién casado y estaba en Nueva York, pero llegó un punto donde sentí que ya había terminado.

Miquel Adrià (MA): ¿Cómo te diste cuenta?

ADG Lo sentí, no fue pensado o premeditado: simplemente un día me di cuenta que mi contribución había terminado, es normal en oficinas tan grandes. A veces puedes ser un número más, a veces estás muy involucrado en un proyecto, incluso liderando y atendiendo cosas relevantes y otras veces estás haciendo talacha.

MA Aunque cuando tú llegaste, la oficina no era tan grande...

ADG Brandon Haw, uno de los socios mayoritarios, a quien considero un muy buen amigo y gran mentor, me invita a trabajar en la oficina de Foster. En Foster hay 6 *design groups*

Alonso de Garay studied architecture at the Universidad de Anáhuac before moving to New York City in 2009 to earn a master's degree in architecture and urban design at the Graduate School of Architecture, Planning and Preservation at Columbia University.

Alonso de Garay (ADG): I returned to Mexico in 2013 with the intention of doing architecture and urbanism through projects that would have an impact on the country. When I worked with Foster, it was in the aim of widening my training, but I didn't know how long it would last. To tell the truth, I don't know exactly when the time to leave came, but I suddenly felt I needed to return to Mexico and start over alone.

Carlos de la Mora (CDLM): But did something happen? Or was it just a feeling?

ADG It was a feeling. I had been there for three years and I felt fine. I thought at one time that I might even stay for ten years, because I was young, recently married, and living in New York, but there came a point when I felt had finished.

Miquel Adrià (MA): How did you come to the realization?

ADG I just felt it: it wasn't anything conscious or premeditated. One day I simply realized that my contribution was finished. It's normal in big firms for you to become just another number: at times you may be very involved in a project, even heading it up and dealing with important matters, and then at other times you are simply doing donkey work.

MA Although, when you arrived, the office was not so large...

ADG Brandon Haw, one of the majority partners, a very good friend and a great mentor, invited me to work in Foster's company. In Foster there are six design groups and each one

y cada uno se ha ido especializando en distintas cosas, a pesar de no haberlo definido de este modo desde el inicio. Brandon fue el *head of design* del grupo 2, que se encargaba de torres y edificios importantes en distintas partes del mundo, pero en los últimos años se había encargado de todo lo que tenía que ver con América: Canadá, Estados Unidos, un par de proyectos en México (que no se hicieron), Argentina. Cuando Brandon empieza a tener contacto con América vio una gran oportunidad, y propuso abrir la oficina en Nueva York, que representaría a Foster para todo el continente. Cuando se abrió la oficina, Brandon seguía en Londres y me invitó a colaborar. Cuando yo entré éramos cinco operando la oficina en Nueva York, y otras 10 personas estaban atendiendo 2 o 3 proyectos que se dirigían desde Londres. Para mí fue una experiencia muy buena, ya que aprendí cómo arrancar una oficina desde cero, obviamente con toda la estructura de Foster. Eso me ayudó a entender lo que era una oficina de verdad, cómo operaban, cómo conseguían a los clientes, cómo cerraban acuerdos, cómo cotizaban... Cuando yo me fui éramos 35, y hoy no pasan de 50, no es tan grande, pero maneja muchos proyectos de la zona.

Me tocó el arranque de esa oficina donde todo mundo hace de todo para que funcione. Además, teníamos una infraestructura increíble en Londres que nos brindaba mucho apoyo en varias áreas. Nos tocó el *start up* y eso me encantó, empecé de cero ahí, siendo el nuevo y ayudando en lo que se podía. El día que entré fue el *kick off meeting* del edificio residencial en Chelsea, así que me aventé el Chelsea Building desde el inicio. Desde los primeros bocetos estuve involucrado en toda la parte de funcionalidad, todos los *layouts,* porque al cliente le importaba mucho que fuera un proyecto que se diseñara de adentro hacia fuera, que el edificio se sintiera de Nueva York, que tuviera esta magia de los edificios de antes de la guerra, con su foyer y esa procesión del espacio en varios cuartos, como antes, cuando pasabas por un cuarto para llegar al otro. Se buscaba lograr esa vivencia con un edificio contemporáneo. Norman Foster estuvo involucrado directamente, cada vez que estaba en la ciudad le gustaba tener revisiones presenciales del proceso de diseño, le interesaba opinar sobre los *layouts,* la transición de espacios y la volumetría.

Y al terminar ese proyecto llegó un concurso para participar con la ciudad de Nueva York en el desarrollo creativo de *Imagining Grand Central's Next 100 Years.* Consistía en resolver Grand Central, porque sigue operando igual que cuando se diseñó, y obviamente la ciudad ha cambiado mucho y la estación ya no funciona como debería. También debíamos ver qué sucedía con los alrededores y proyectar un plan maestro completo de East Midtown, ya que tiene un enorme vínculo con la estación. Ese proyecto ya me lo encargó Brandon directamente, y estuve a la cabeza. En este ejercicio participaron, entre otros, SOM, Foster y WXY, y le presentamos las propuestas a la ciudad. Norman Foster presentó el proyecto en un foro ante el alcalde, Michael Bloomberg. No se construyó nada, supongo que eventualmente se hará porque es necesario, pero para mí fue muy importante haber entendido cómo solucionar proyectos urbanos a esa escala, en una ciudad tan compleja, con la terminal de trenes más grande del mundo. Además era pro bono, sin recursos, sin equipo, así que entre mi amigo Anthony Stahl y yo nos aventamos el proyecto y estuvo increíble: utilizamos muchos recursos de la oficina de Londres

specializes in a different area, although it had not been defined that way from the start. Brandon was the head of Group 2, responsible for skyscrapers and large buildings in different parts of the world, but in recent years he had taken over everything that had to do with the Americas: Canada, the United States, a couple of projects in Mexico (never constructed), Argentina. When Brandon began to get involved in North and South America, he saw a big opportunity and proposed opening an office in New York that would represent Foster all over the western hemisphere. When the office was opened, Brandon remained in London and invited me to collaborate. When I started, there were five of us in the New York office and ten other people handling two or three projects directed from London. It was a very good experience for me, as I learned how to start up an office from zero, though obviously with all of the Foster structure. That helped me to understand what a firm really is, how it operates, gets clients, closes deals, how it makes estimates... When I left there were thirty-five of us, and today there are still fewer than fifty: that is not so big, but it manages a lot of projects in the region.

I was involved in the startup of that office, where everyone did a bit of everything so that things could function. Moreover, we had an incredible infrastructure in London that provided us with a lot of support in various areas. We were starting things up and I loved that: I began from zero there, being the new guy and just helping with whatever I could. The day I started was the day of the kick-off meeting for the residential building in Chelsea, so I was in on the Chelsea building from the beginning. From the very first sketches I was involved in the whole functional part, in all the layouts, because the client very much wanted the project to be designed from the inside out, and to have a New York feeling, that magic of pre-World-War-II buildings, with its lobby and that procession of space through several rooms, as before, when you went through one room to get to another. The aim was to achieve that sort of experience with a contemporary building. Norman Foster was directly involved. Whenever he was in town he liked to review the design process in person: he was interested in giving his views on the layouts, the transitions from space to space, and the volumetric arrangement.

When that project was finished there came a competition to participate with the city of New York in the creative development of the project *Imagining Grand Central's Next 100 Years.* It involved the problem of Grand Central, which continues to operate as it had when it was designed, though the city had changed a great deal and the terminal no longer functioned as it should. We were also to look at what was going on in the surrounding neighborhood and design a complete master plan for Midtown East, closely interconnected with the station. I was put at the head of this project by Brandon personally. Foster, SOM, WXY, and some other firms were also participating in the exercise, and Norman Foster presented our proposals to the city at a forum in the presence of Mayor Michael Bloomberg. Nothing was actually constructed, but I imagine something will be done eventually, because it's necessary, but for me it was very important to have understood how to resolve an urban project on a large scale, in as complex a city as New York, with the largest train station in the world. Moreover, it was *pro bono*, without resources and without a team, so my friend Anthony Stahl and I just threw ourselves into the project: we were able

en temas de sustentabilidad, nos tocó trabajar en algo que, aunque no se fuera a construir, fue una maravilla y un gran aprendizaje.

CDLM Desde aquella época, se manifestó tu interés por la esencia de las cosas y tu adaptabilidad a la escala, evidente en la obra que has desarrollado hasta ahora.

ADG El tema de la escala siempre me ha interesado. Cuando llegué a Columbia y me preguntaban por qué estudié diseño urbano en lugar de diseño arquitectónico, yo contestaba que debía entender cómo diseñar a escala urbana porque tengo las bases para diseñar eventualmente un edificio, una casa o un museo, ya que lo aprendí en la carrera. Pero realmente entender cómo funcionan las comunidades, las ciudades, las sociedades, me parecía algo muy interesante. Por eso estudié esa maestría, y recuerdo que el día de la graduación el director nos dijo: “Lo que ustedes acaban de estudiar, seguramente no ven cómo aplicarlo, y mañana tampoco lo entenderán. Esta carrera se entiende hasta 5 años después, o más”. Y tenía razón. Cuando sales y te vuelven a dar un proyecto para hacer una casa, te queda chico, pero si empiezas a pensar cómo tu proyecto puede impactar a una zona, empiezas a entender todo lo que ganaste estudiando la ciudad. Allí empecé a valorar mi decisión de haber tomado la maestría. Con el proyecto de Grand Central entendí el impacto de cada decisión. Por ejemplo, el simple hecho de cambiar el sentido de una calle. En este caso me di cuenta de la importancia de la Calle 42, la cual empieza en el Río Este y donde tienes primero la ONU, Grand Central, Bryant Park, luego Times Square, Port Authority, y hasta el fondo en el Río Hudson, el puerto donde llegan los cruceros. En esos tres kilómetros, tienes una concentración masiva de gente y de flujos impresionante, probablemente como ninguna otra calle del mundo. Estas son la clase de cosas que me han hecho pensar un poco más allá. Sí, nos encargaron Grand Central y sus alrededores, pero cuando ves un poco más allá y ves que estás en la 42 y Park Avenue, empiezas a entender la complejidad.

CDLM Y se nota, el día que fuimos a ver proyectos juntos, desde Sartoria hasta el Estadio de los Diablos Rojos, y un edificio en la Condesa que brinda servicios a la comunidad. Se siente ese entendimiento. Y creo que los proyectos arquitectónicos que más valoro son aquellos que saben relacionarse con la ciudad.

MA En el edificio Terminal 1 de la Condesa es muy claro, ya que tomas una serie de decisiones que son más de la ciudad que del edificio: cómo das la vuelta y abres vestíbulos...

ADG Así empieza el proyecto. Para mí, el proceso de arquitectura no empieza en el edificio, comienza en el sitio, la ciudad, el contexto: las primeras decisiones salen de allí, el entendimiento se desarrolla a partir de allí. Entenderlo al revés no funciona, no es lo que yo aprendí a hacer, son de las cosas valiosas que aprendí en mi maestría y con Foster; que todo es un proceso, no mediante el estilo sino con la forma con la que se llega al resultado, que así es como lo hago en todos mis procesos. No busco un estilo como tal, o por lo menos no es la intención, porque cada proyecto es distinto, pero la forma de llegar al resultado permite pensar en cómo atacas de grande a chico hasta llegar al resultado final.

to draw on the resources of the London office for sustainability matters, we got to work on an incredible project, and even though nothing would be built, it was a marvelous experience from which I learned a lot.

CDLM Since that time, you have shown your interest in the essence of things and your ability to adapt to scale, which is evident in the work you have done up to now.

ADG The issue of scale has always interested me. When I got to Columbia University and they asked me why I was studying urban design instead of architectural design, I replied that I wanted to understand how to design on an urban scale, because if I had to design a building, a house, or a museum, I already had the foundations on which to do so, since I had learned that at school. But really to understand how communities, cities, and societies function was something that interested me a great deal. That is why I did that master's program, and I remember that, on graduation day, the dean said to us: "You probably don't see how to apply what you have just studied, and I doubt if you'll understand it tomorrow. This program is really only understood five years later, or more." And he was right. When you graduate and they give you another project for a house, you may feel it's not big enough for you, but if you begin to think about how your project may impact a zone, you begin to understand everything you learned by studying the city. It was then that I began to appreciate my decision to do a master's. With the Grand Central project I understood the impact of each decision, as, for example, the simple act of changing the direction of traffic on a street. In this case I realized the importance of 42nd Street, which begins at the East River and where you have, first, the United Nations, Grand Central, and Bryant Park, then Times Square, the Port Authority Bus Terminal, and at the end the Hudson River, the pier where the cruise ships dock. Along those three kilometers, you have an extraordinary mass concentration of people and circulation, as on no other street in the world, perhaps. These are the kinds of things that have made me think a little beyond. Granted, we were given the job of Grand Central and its surroundings, but when you begin to think beyond and see that you're at 42nd and Park Avenue, you begin to understand the complexity.

CDLM And you can see it. The day we went to see your projects together, from Sartoria to the stadium for the Diablos Rojos, and a building in the Condesa neighborhood that offers community services, that understanding can be perceived. And I think the architectural projects I most value are those that succeed in relating to the city.

MA In the Terminal 1 building in Condesa it's very clear, since you make a series of decisions that have more to do with the city than with the building: how you turn the corner and whether to open up the lobby or not...

ADG That's how the project begins. For me, the process of architecture does not begin with the building. It begins with the site, the city, the context: the first decisions come out of that, your understanding of the project is developed starting from there. Understanding things the other way around doesn't work: that's not the way I learned to work. These were the valuable lessons I learned through my master's and at Foster: that everything is a process, that it is

MA Entonces, un día te diste cuenta que habías caído en una rutina, dices basta y regresas a México...

ADG Sí. A principios de 2013, recuerdo el día que dije "hasta aquí llegué". Fue terminando de entregar un paquete ejecutivo para un proyecto en Río de Janeiro, justo después de terminar lo de Grand Central. Estaba inspirado, me sentía como el "arreglador" del mundo, y en eso me avientan el paquete ejecutivo de Río, y ni modo, es lo que tocaba, y además faltaban manos. Lo termino, y el día que acabo me dicen que quieren mover toda la modulación de la fachada 20 cm, raya por raya de nuevo. Y allí me percaté que, de plano, no era lo mío, era algo que no quería y no debía hacer realmente porque, mientras que a mí me hubiera tomado 2 semanas hacer el cambio, a otro arquitecto le hubiera tomado 15 minutos. No sé moverle a los programas, realmente no agrego valor haciendo eso. Y dije "se acabó", y quería venir a México a implementar mis ideas. Eso fue muy bueno porque todos debemos saber para qué somos buenos y para qué no, y a decir verdad yo nunca fui bueno para el manejo de *softwares.* Sé usarlos casi todos, pero había gente que realmente tenía una facilidad innegable.

MA Entonces llegaste a México, pero, ¿cómo empezaste?

ADG Fue muy interesante porque, antes de irme, ya había arrancado una empresa pequeña de desarrollo inmobiliario junto con mi tío Luis, a quien considero otro gran mentor que me enseñó mucho de lo que hoy sé del mundo inmobiliario. Cuando me fui mi tío se quedó manejándola, compraba terrenos y yo desde Nueva York le mandaba ideas y croquis y hacíamos edificios pequeños, y cuando regresé había 2 o 3 proyectos de esa inmobiliaria. Pero yo llegué con ganas de hacer más cosas, proyectos de todas escalas y tipologías. Para conseguir esa clase de proyectos se me ocurrió contratar un *head hunter* y le dije que necesitaba posiciones *senior* de 5 despachos internacionales que ya tuvieran una estructura de cómo trabajar, y me los traje: sabían manejar proyectos, sabían estructurar, sabían hacer un proyecto ejecutivo, todo. Porque yo en Foster me di de topes con el sistema organizacional tan ejecutivo, pero no quería llegar a México y dedicar mi tiempo a enseñarle a gente cómo llenar archiveros. Entonces contraté a esta gente y a la fecha son mis *project managers.* En poco tiempo ya éramos 20 personas, sin proyectos o con muy pocos, y salí a buscar, pasaron menos de 2 meses y nos cayeron proyectos grandes y con esos 3 proyectos me seguí. Pero si yo hubiera llegado a pedir esos 3 proyectos solo, sin equipo, nunca me los hubieran dado. Estuvo un poco arriesgado, pero funcionó. Me armé de un despacho grande sin tener proyectos cerrados, pero me aventé. Los 2 estadios llegaron el mismo día y la Torre de Pedregal llegó después. Así empecé.

CDLM ¿Una combinación de agallas y un poco de ingenuidad?

ADG Siempre he tenido sangre *entrepreneur.* Aparte de la arquitectura he emprendido 2 o 3 negocios de restaurantes y gimnasios, y esta fue mi forma de ser emprendedor dentro de la arquitectura. Me arriesgué, salí a buscar chamba, no pasaron 2 meses y yo ya tenía

not through style, but rather through form, that you reach a result, which is how I do things in all my processes. I don't seek a style as such, or at least that is not my intention, because every project is different, but the way of achieving the result allows you to think about how to attack, from the bigger picture to the smaller details, until you reach the final result.

MA So one day you realized you had fallen into a routine: you said "Enough!" and came back to Mexico...

ADG Yes. I remember, in early 2013, the day I said: "This is as far as I'll go." I was wrapping up an executive package for a project in Rio de Janeiro, just after finishing the Grand Central thing. I was inspired, I felt I had been "fixing" the world, and just then they threw this Rio executive package at me. Tough luck, but that's what I was in for, and they were short of people. So I finished it, and then they told me they wanted to move the entire modulation of the façade twenty centimeters, line by line again. I realized that all that just wasn't for me: it was something I didn't want and didn't have to do, really, because, while it would have taken me two weeks to make the change, another architect could have done it in fifteen minutes. I don't know how to move programs: I really don't add any value doing that. So I said "That's it!" and came back to Mexico to implement my ideas. That was good, because we all need to know what we are good at, and to tell the truth I was never very good at handling software. I know how to use all of them, but there are people with an undeniable facility for it.

MA So you came to Mexico, but how did you get started?

ADG It was interesting, because in Mexico I had started up a little real estate company together with my uncle Luis, whom I consider another great mentor, and who taught me a lot of what I now know about the real estate business. When I went to New York, my uncle kept running it. He would buy the land and I would send ideas and sketches and we would do small buildings. When I returned, there were two or three projects being handled by this firm, but I arrived eager to do more things, projects of all different scales and typologies. To obtain projects of that kind it occurred to me to hire a headhunter and I told him I needed to fill senior positions with people from five international firms that already had an operational structure, and he got them for me: they knew how to manage projects, they knew how to structure, they knew how to do an executive project, everything. Because at Foster, I had been up to my neck in the executive organizational system, but I didn't want to come to Mexico and spend my time teaching people how to fill file cabinets. So I hired these people and they have been my project managers ever since. It wasn't long before we were twenty people, with no projects, or very few, so I went out to look for some. Within less than two months three big projects came our way and I continued with those. But if I had arrived asking for those three projects alone, without a team, I never would have gotten them. It was a bit risky, but it worked: I set up a large office without having any projects confirmed, but I just went for it. The two stadiums arrived the same day and the office tower in El Pedregal a while later. That's how I began.

CDLM A combination of guts and naiveté?

los 3 proyectos cerrados y firmados. Desde entonces hemos tenido trabajo constante y hasta ahora ya somos 30 personas. También ayudó mucho que teníamos trabajo constante de nuestros propios proyectos de desarrollo.

MA Yo creo que es interesante lo que mencionabas acerca de la facilidad de abordar distintas escalas con el mismo rigor. Por ejemplo, cuando hablamos del restaurante, nunca es desde la visión de un diseñador de interiores sino que tomas un partido muy fuerte, en el que parece que estás inventando un pedazo de infraestructura. Y en proyectos como Terminal 1, por ejemplo, en el que aprovechas una ubicación para conformar espacio público como un modo de articular la ciudad. Quizá en proyectos más grandes es más fácil crear esta condición de plaza, pero en Terminal 1 generas dos tipos de fachadas muy distintas que se relacionan de manera contrastada con la calle. Pensando también en el Fray Nano o en el Estadio AHH, no sólo es una gran infraestructura, sino también un modo de relacionarte con el lugar. En un estadio es muy fácil caer en esas recetas globales y absolutamente intercambiables, mientras que la tuya sí tiene una conexión con México. ¿Cómo conectas lo contextual con tu trabajo?

ADG Para mí, más que un tema filosófico es un tema de sensatez, de sentido común; es decir, si estamos aquí, hay que entender y utilizar lo que hay aquí y pensar en qué hubo aquí, para poder proyectar lo que habrá. Si yo tuviera que hacer un edificio en Japón, haría un edificio pensando en Japón, no pensando en México. Realmente creo que la arquitectura debe pensarse en dónde se está construyendo y para quién se está construyendo, esa es mi forma de sentido común. Como prácticamente todo lo que yo he hecho y lo que hago ha sido aquí, mi forma de conceptualizar y de ver mis proyectos ha tenido que ver con entender qué es lo que hay y qué es lo que debe haber, de modo que el proyecto debe ser parte de una historia. Entonces, para mí, pensar en los materiales, texturas, tradiciones, cultura, geometrías, tiene que ver con dónde estamos.

MA Por ejemplo, en el estadio, todos los basamentos tienen una conexión muy clara con la cultura prehispánica...

ADG Siempre me ha llamado mucho la atención toda la cultura prehispánica. Creo que hay mucho que aprender no sólo de su arquitectura sino de toda su cultura. Y tuve un gran profesor en la carrera, que daba Arquitectura Prehispánica, que me dejó muy inspirado con el tema. Y no es que mi arquitectura sea como la de Agustín Hernández, simplemente la traigo en mente, y me encantan ciertos gestos y ciertas cosas que ellos las hicieron por algo: tenían que ver con la zona, con el tipo de clima, con los materiales disponibles, por algo se les ocurrió eso y nosotros seguimos en el mismo lugar.

MA Inclusive recuerdo que Teodoro González de León, cada vez que le hacía un comentario de las referencias prehispánicas, que son evidentísimas en su trabajo —pensemos en el Tamayo— él lo negaba, decía que era pura arquitectura moderna, hablaba de su inspiración en Le Corbusier, pero no de lo prehispánico. Después de discutirlo varias veces, empezó a aceptarlo, pero con reservas. Pero yo diría que sí es evidente. Más allá de que

ADG I have always had the mettle of an entrepreneur. Apart from architecture, I have started two or three businesses and this was my way of being an entrepreneur in the field of architecture. I took a risk, went out to look for work, and in two months already had three projects signed and sealed. Since then we have always had work, and now there are thirty of us. It also helped that we had constant work from our own development projects.

MA Interesting, what you say about the ease of approaching different scales with the same rigor. For example, when we talk about the restaurant, it is never from the perspective of an interior designer, because you take a very direct approach, in which you seem to be inventing a piece of infrastructure. And in projects like Terminal 1, you make the most of the site in order to shape public space as a way of articulating the city. Perhaps in larger projects it is easier to create this plaza-like quality, but in the case of Terminal 1 you generate two types of very different façades, which interrelate in contrasting ways with the street. I am also thinking of the stadiums, not only as great infrastructure, but also how they relate to the context. With a stadium it is easy to fall into interchangeable global recipes, whereas your solutions have a connection with Mexico. How do you connect issues of context with your work?

ADG For me, more than a philosophical issue, it is a matter of common sense: that is, if we are here, we have to understand and use what there is here and think about what there has been here, in order to be able to project what there will be in the future. If I had to make a building in Japan, I would make a building thinking about Japan, not about Mexico. I really believe that architecture must be conceived in terms of where it is being built and for whom it is being built: that is my form of common sense. Since practically everything I have done and everything I do has been here, my way of conceptualizing and seeing my designs has had to do with understanding what there is and what there has to be, so that the design can be a part of history. For me, therefore, thinking about materials, textures, traditions, culture, geometry, everything has to do with where we are.

MA In the stadium, all the base volumes have a clear connection with pre-Hispanic culture...

ADG Pre-Hispanic culture has always interested me greatly. There is a lot to learn not only from its architecture but from the entire culture. And I had a great professor at university who left me very inspired by the subject. It's not that my architecture is like that of Agustín Hernández, but I simply keep it in mind, and I love certain gestures and things that were done for a reason: they had to do with the geographical zone, with the climate, with the materials at hand. There were reasons for all that, and we are still in the same place.

MA I also remember how Teodoro González de León, whenever I commented on the pre-Hispanic references that are clearly evident in his work —think of the Museo Tamayo—, denied that they were there, insisting it was all modern architecture and talking about his inspiration from Le Corbusier, but not from pre-Hispanic architecture. After we argued about it several times, he began to accept it, but with reservations. Still, I would say it's quite obvious. Apart from having worked with Le Corbusier and reacted to the architecture of

haya trabajado con Le Corbusier y que respondiera a la arquitectura de una época, también respondía a las raíces de su propio lugar. De algún modo, es lo que vemos en el estadio, que para nada es literal o anecdótico.

CDLM Y esa es una característica de ese proyecto en particular, que cuando lo platicas es muy claro que tu compromiso es con la disciplina del proceso y no con el resultado. Entonces no es una arquitectura de autor como la conocemos, que la identificamos porque al verla formalmente ya sabemos de quién es. Tú te conviertes en autor por otras razones, ya que entiendes la disciplina del proceso. En pocos años que lleva el taller hay una variedad de escalas y de resultados formales, pero una de las constantes, aparte de la disciplina del proceso, es la discreción. En ningún proyecto aparece el nombre o la mano del arquitecto. Inclusive hay discreción a la hora de promover el proyecto.

ADG No me gusta protagonizar.

CDLM Es decir, hay gente que ha ido al estadio, y al restaurante y al edificio en la Condesa, probablemente a 2 o 3 cosas más y ni se le ocurre que es el mismo taller detrás de esos diseños.

MA Sin embargo, sí hay algunos temas que unen los proyectos, como la discreción y el rechazo a la búsqueda del valor de marca, la importancia de la metodología, el tema del proceso, la manera de entender el lugar y la ciudad para resolver la forma. También hay una deliberada depuración que te lleva a una cierta simplicidad aparente que, yo diría, no tiene nada de simple. ¿Cómo es ese proceso para llegar a la simplicidad?

CDLM Que también va de la mano con una cierta elegancia que emerge de la simplicidad...

ADG Hablando del proceso para llegar a la simplicidad, siempre me llamó la atención ese proceso que, dicen, tenía Picasso: para llegar a hacer esos garabatos semejantes a los de un niño tuvo que entender y lograr una técnica completamente realista, muy compleja, y la desarrolló hasta que volvió a lo más básico. Por supuesto no me estoy comparando, sólo digo que ese proceso es el que a mí me interesa: entender el proyecto completo, la parte compleja para regresar a la esencia más básica. No sé si lo logro en todos mis proyectos, pero sin duda es lo que busco. Y en cuanto al rechazo al valor de marca, no es que no busque hacer una marca, es que creo que en el caso de la arquitectura la marca se hace con proyectos terminados, no con redes sociales ni propaganda. La marca se va generando con el tiempo, no hay atajos como en otras industrias. Espero algún día ser una referencia de marca, pero eso sólo se dará si mi trabajo es bueno y contundente día con día.

CDLM Sí, la simplicidad es una búsqueda y tu crítico más estricto eres tú.

ADG El momento en el que decides que ese es el punto correcto, el balance, cuando ya no es más ni es menos. Es muy subjetivo.

his time, he was also responding to the roots of his own country. In a way, that is what we see in your stadium, which is by no means literal or anecdotal.

CDLM And that is a characteristic of that project in particular: it is very clear that your commitment is to the discipline of the process and not to the result. So it is not the sort of signature architecture we are familiar with, which we can identify because, as soon as we observe it in terms of form, we already know whose it is. You have become a "signature" architect for other reasons, since you understand the discipline of the process. In the few years since the firm was established, there has been a variety of scales and formal results, but one of the constants, apart from that discipline, is discretion: on none of the projects does the name or signature of the architect appear. There is even a certain discretion in promoting the project.

ADG I don't like to be the focus of attention.

CDLM Which is to say, that there are people who have gone to the stadium, and to the restaurant and the building in Condesa, and probably to two or three other places, and it has never occurred to them that the same firm is behind all those designs.

MA Nevertheless, there are certain themes that unite the projects, such as discretion and the rejection of any quest for signature value, the importance of methodology, the question of process, the way of understanding the site and the city in order to resolve the architectural form. There is also a deliberate stripping down that leads you to a certain apparent simplicity, which I would say has nothing simple about it. How does this process for achieving simplicity work?

CDLM Which also goes hand in hand with a certain elegance that comes of simplicity.

ADG Speaking of the process by which one arrives at simplicity, I have always been struck by the case of Picasso: in order to be able to produce those childlike drawings, he had to understand and master a very complex, completely realistic technique, and he developed it until he could return to basics. Of course I am not comparing myself, but just saying that this is the process that interests me: understanding the entire project, including the complex part, in order to return to the most basic essence. I don't know if I achieve it in all of my designs, but that is what I strive for. As for the rejection of signature value, it's not that I don't try for a trademark style: it's just that, in the case of architecture, your trademark is made with finished projects, not with social networks or promotion. Your trademark is generated over time: there are no shortcuts. I hope one day to be a reference trademark, but that will only happen if my work is good and forceful day after day.

CDLM Yes, simplicity is a quest and you are your own harshest critic.

ADG The moment you decide that that is the correct point —the point of equilibrium, when it's neither more nor less— is very subjective.

CDLM Es lo más difícil. Por ejemplo, en la pintura: cuando estás ante el lienzo para pintar, ¿cuándo decides que la pintura está terminada? Porque puedes continuar eternamente afinando los detalles de un proyecto, explorando el material perfecto.

ADG Para mí ese es el sinónimo de buen gusto: encontrar ese punto. Y eso es lo más difícil de lograr a veces: el balance. Cuando logras ver algo que desde lejos reconoces y sabes que se logró. Y ese balance es el que a mí me interesa lograr. No es un tema de presupuesto: inclusive con los clientes, cuando tenemos mucho capital, mi labor ha sido esconder todo el presupuesto, que no se vea. Y al revés: cuando no hay recursos el asunto es que se vea lo más digno posible. Ese es el balance.

CDLM Esta plática inició en la sede del Infonavit, cuando presentaron los proyectos. Ahí se demostró que puedes hacer una casa residencial con un presupuesto muy elevado, o una casa mínima muy digna que logra ese punto de equilibrio con diseño y con orden.

MA Cuando conocí tu proyecto vi que era la excepción, ya que la mayoría de las propuestas eran intentos de hacer casas para pobres encogiendo el programa de la casa burguesa, con grandes torpezas, inclusive con exceso de formas. Creo que supiste entender el problema, y supiste entender lo que se puede hacer con esos pocos metros y ese presupuesto.

ADG Hemos participado en 4 o 5 ejercicios como éste, y en todos nos llevamos la misma satisfacción y decepción de decir que los proyectos que tuvieron más cámaras fueron los que hicieron su ruido, mientras que los proyectos de quienes en verdad nos dedicamos a solucionar el problema no fueron realmente destacados en ese ejercicio, pero para nosotros queda la satisfacción de saber que funcionan. Para nosotros no ha sido un concurso de belleza, sino la solución del problema de una forma sensata y aterrizada, tratando de lograr la mejor calidad espacial para quien lo va a habitar. Es gente que vive con muy poco, por eso nos lo tomamos muy en serio, un buen diseño bien pensado les puede cambiar la vida.

CDLM Allí hay un tema de congruencia que a mí me parece muy valioso. Creo que el tiempo irá descartando otras propuestas...

MA Sin duda, porque a veces no es tanto los que han hecho la exploración formal, sino la tendencia de nombres de moda de la temporada, pero la arquitectura es de largo recorrido. Por ejemplo, a mí me impresiona mucho el proyecto de Ocuilan de RCR. Me parece muy discreto y de los mejores. Sintetizaron el problema.

ADG Coincido, por eso son quienes son: entienden el problema y lo solucionan con genialidad. Ahora, RCR, haciendo eso, se llevan protagonismo por ser ellos, y si ese mismo proyecto lo hiciera alguien más, a lo mejor nadie lo voltearía a ver, porque no fue el proyecto taquillero. Pero esa es mi forma de pensar. En el proyecto Infonavit, en el estadio o en el proyecto que sea..., yo nunca voy a protagonizar en un concurso de belleza, porque

CDLM That's the most difficult thing. For example, in painting: when you're in front of a canvas, when do you decide that the painting is finished? Because you can go on forever fine-tuning the details of a project, exploring the perfect material.

ADG For me, that is the synonym of good taste, finding that point. And that is what is most difficult to achieve at times: balance. When you are able to see something that you recognize from afar and know it has been achieved. And that balance is what I am interested in achieving. It's not a matter of your budget: even with clients that have a lot of capital, my job has been to conceal the whole budget, not to let it be seen. And the other way around: when there are no resources, the important thing is for everything to look as decent as possible. That is the balance.

CDLM This conversation began at the Infonavit, when you presented your projects. You showed that you can make a residence with a very large budget, or a very decent basic house that achieves that point of equilibrium with design and with order.

MA When I got to know your project I saw it was the exception, since most of the proposals were attempts to make houses for poor people by shrinking the program of the middle-class house, with enormous awkwardness, and even an excess of forms. I believe you were able to understand the problem, and to understand that something can be done with those few square meters and that budget.

ADG We have participated in four or five exercises like this, and in all of them we have had the same satisfaction and disappointment to see that the projects that attracted most attention were those that made their noise, while the projects by those truly dedicated to solving the problem were not really highlighted, although for us there remains the satisfaction of knowing they work. For us, this has not been a beauty contest, but rather the solution to a problem in a sensible, down-to-earth way, trying to achieve the greatest spatial quality for those who are going to live in the house. People who live with very little: that's why we take it very seriously, because a well-conceived design can change their lives.

CDLM There is an issue of coherence that seems important to me. Time will end up discounting other proposals...

MA Doubtless, because sometimes it is not so much a matter of those who have carried out the formal exploration, but rather the trendiness of fashionable names. But architecture is a long-distance marathon. For example, I was very impressed by the Ocuilan project by RCR. It seems very discreet and one of the best. They synthesized the problem.

ADG I agree. That's why they are who they are: they understand the problem and solve it brilliantly. Now when RCR does that, they attract some attention, because it's them, but if that same project were done by someone else, no one might even turn to look, because it has no box office appeal. With the Infonavit project, with the stadium, or with whatever project, I am never going to take part in a beauty contest. The beauty has to come as part

RESIDENCIAL VISTA HERMOSA,
CIUDAD DE MÉXICO

CENTRO CULTURAL ÁLVARO CARRILLO,
OAXACA, OAXACA

la belleza debe venir como parte de un proceso, y va a salir, ya que un proyecto sin belleza no tiene sentido de existir. Porque parte de lo que debemos proponer para este mundo es embellecerlo desde nuestra trinchera, pero ese no debe ser nuestro fin, porque cuando ese es tu objetivo, lo maquillas, pero no llevas a cabo un proceso. Creo que el proceso es lo que va a terminar teniendo importancia en nuestro trabajo. Somos un despacho muy joven, y por el momento no tenemos la intención de protagonizar, pero creo que si seguimos haciendo bien las cosas nuestro crecimiento será el adecuado.

CDLM Y el camino para llegar a ese tipo de logros creo que debe ir con los cimientos sólidos que tienen como el compromiso, la disciplina, la claridad y el rumbo.

MA Y también su propia búsqueda de la belleza.

ADG Quiero contar una anécdota del proyecto Chelsea. Llevábamos trabajando dos semanas sin dormir, la junta con los clientes era un viernes en la mañana y Norman aterrizó de Londres el jueves. Nos vino a ver a la oficina el jueves en la tarde para darle el visto bueno al proyecto y presentarlo al siguiente día. Cuando mostramos el proyecto comenzamos con toda una historia de sustentabilidad y que iba a ser eficiente energéticamente, etc. Nos acabó de escuchar y nos dijo: "Es una gran historia, pero una gran historia debe tener un gran resultado, y lo que veo está muy lejos de eso". Tuvimos que cambiar el proyecto completo en esa misma noche para la entrega del día siguiente. Y desde ese día, me quedó claro, para mí es totalmente obsoleta la discusión si función o forma, son las dos cosas, una no sirve sin la otra.

MA Pero, ¿de un día para otro lo pudieron resolver?

ADG Lo resolvimos, nos quedamos sin dormir estableciendo cómo podíamos embellecerlo, trazamos perspectivas y *renders,* e hicimos maquetas. Nos dedicamos a hacer una pieza escultórica increíble. La junta con el cliente era a las 9:30, Norman llegó a las 9 y nos dijo que ya estaba bien, que eso sí lo podía enseñar. Aún así, todavía no estaba muy bien ligada la historia que le contamos con la parte estética, porque hicimos lo que no se debe hacer, ya que maquillamos a la novia para esa entrega. Pero nos sirvió para establecer tiempos distintos en nuestros procesos. Norman tenía razón: ninguno de nosotros le hubiera puesto nuestro nombre a ese edificio. Desde entonces me quedó claro que el proceso te debe llevar a una belleza, no hay de otra.

MA Empezando con alguien tan vinculado al *high tech,* ¿cómo vas encontrando esa arquitectura que tú haces? Pareciera que no tienes intención de mostrar tecnología sofisticada, o una estructura muy protagónica. Tratas de dar un paso atrás y hacer, más bien, arquitectura atemporal.

ADG Una vez más fue mi sentido común, y fue el llegar a trabajar en México con lo que hay, con los mejores trabajadores en cuanto a mano de obra, con materiales de aquí, con lo que tenemos. Cuando yo llegué, mis primeros proyectos fueron los dos estadios y la

of a process, and come it will, because a project without beauty has no reason for existing, since what we have to offer to this world is to beautify it, from our own position on the battlefield. But that should not be our end, because then you make cosmetic changes, but you don't carry through a process. I believe the process is what is going to end up having importance in our work. We are a very young firm, and for the moment we have no intention of trying to claim a central role, but I believe that, if we continue doing things well, we will develop as we should.

CDLM And the path to those kinds of achievements has to go, I think, with the solid foundations you possess: commitment, discipline, clarity, and direction.

MA And also with your own quest for beauty.

ADG I want to tell an anecdote about the Chelsea project. We had been working for two weeks on very little sleep; the meeting with the clients was to be on Friday morning; and Norman landed in London on Thursday. He came to see us in the office on Thursday afternoon to give his approval to the project and to present it the next day. When we showed him the project, we began with a long story about sustainability and how it was going to be efficient in terms of energy, etc. He heard us out and then said: "That's a good story, but a good story has to have a good outcome, and what I'm seeing is very far from that." We had to change everything that very night and submit it the following day. And since that day, it has been clear to me that discussions about function or form are totally obsolete. It's a matter of both things: one is no use without the other.

MA But were you able to work things out from one day to the next?

ADG We worked it out. We went without sleep, establishing how we could make it more beautiful, drawing perspectives and renderings, preparing mockups. We undertook to create an incredible sculptural work. The meeting with the client was at 9:30 a.m. Norman arrived at 9:00 and told us it was fine, that it could indeed be shown to the client. Even so, the story we were telling wasn't well connected with the esthetic aspect, because we did what shouldn't be done: cosmetic arrangements, just for the presentation. But it helped us to establish different times in our process. Norman was right: not one of us would have put his or her name to the building. Since then it has been clear to me that it's the process that must lead you to beauty: there's no other way.

MA Starting out with someone so connected to high tech, how are you finding the architecture that you now do? It would seem that you have no intention of showing sophisticated technology or a very noticeable structure. You try rather to take a step back and produce timeless architecture.

ADG Once again it was my common sense: it was coming to work in Mexico with what there is here, with the best workers in terms of skilled labor, with Mexican materials, with what we have. When I arrived, my first projects were the two stadiums and the office tower in

Torre del Pedregal. Para el Estadio Alfredo Harp Helú invité a colaborar 50-50 a Francisco González-Pulido, quien era en ese entonces presidente ejecutivo de la firma JAHN, buen amigo y experto en edificios de gran escala y estructuras ligeras. Para el edificio del Pedregal, Francisco me presentó al despacho de Werner Sobek y los invité a que diseñaran la estructura. Werner es el director del Instituto de Estructuras Ligeras de la Universidad de Stuttgart, el mero mero del mundo. Volví al país con la intención de colaborar con los mejores del mundo y fue increíble. En el proceso me di cuenta de la sensibilidad tan especial que hay en México hacia los materiales, al *crafting,* la parte artesanal, y me empecé a enamorar de lo que tenemos. En contraste veía a los alemanes, viendo paneles y milímetros, trabajando a perfección. Pensé que si yo viviera en Alemania, probablemente pensaría igual que ellos, pero vivo en México y mis proyectos están en México. Invité también a colaborar a WSP, una de las empresas internacionales más importantes de ingenierías MEP y de sustentabilidad, para nuestra propuesta de Museo de Energía y Tecnología que hice con Loguer, y para la Torre del Pedregal. Tenían ideas increíbles, pero eran elementos que fueron difíciles de implementar en México: aquí tenemos tantas cosas para trabajar y lograr resultados increíbles con presupuestos mucho más aterrizados. Me tardé 3 o 4 años en darme cuenta de eso, no porque México no deba estar a la vanguardia, sino porque ya estamos a la vanguardia de lo que es de aquí, con sistemas mucho más pasivos. Por ejemplo, cuando hicimos el estadio comenzamos planteando un biodigestor enorme, para que se comiera la basura que iba a generar y cuando empiezas a cotizar descubres que son elementos muy caros para México. Entonces te das cuenta que la parte sustentable en nuestro país se logra por el clima, por los materiales.

CDLM Por eso volver es bueno volver a los básicos: la orientación, ventilación natural..., como dice Kalach, pensar es gratis.

ADG Países con climas como el de Alemania requieren la tecnología, porque tienen inviernos muy adversos, pero aquí no. No es que esté en contra de la tecnología, es que me gusta trabajar con lo que hay aquí.

CDLM Otra constante que noto es que siempre has tomado decisiones con mucha claridad, y sin llegar a la arrogancia posees una confianza total para hacer las cosas al revés, que resulta que es como debieran de ser.

ADG Yo me guío con mi sentido común...

CDLM Tú lo ves como algo muy normal, pero no es así y por eso tus proyectos son un éxito, por la sensibilidad y seguridad con la que proyectas, tu proceso y tu disciplina.

ADG A mí me interesan las prácticas que han adoptado una postura sensata para hacer las cosas, y eso me ha inspirado a seguir prácticas como Peter Zumthor, Eduardo Soto de Moura, Tadao Ando, que han sabido encontrar balance y elegancia con lo que hay. Esa ha sido mi inspiración, más que los grandes despachos innovadores, como Zaha. Seguramente Zumthor fue conocido hasta que su trayectoria estaba muy avanzada, porque

El Pedregal. For the Estadio Alfredo Harp Helú, I invited Francisco González-Pulido to collaborate with me on a 50/50 basis. At that time he was the executive president of JAHN, a good friend of mine, and an expert in large-scale buildings and lightweight structures. For the building in El Pedregal, Francisco introduced me to the people at Werner Sobek and I asked them to design the structure. Werner is the director of the Institute for Lightweight Structures at the University of Stuttgart, the very best in the world. I returned to Mexico in the aim of collaborating with the best in the world and it was incredible. In the process I realized there is a special sensibility in Mexico for materials, for craftsmanship, and I began to fall in love with what we have here. By contrast, I watched the Germans, examining panels and measuring millimeters, working out everything to perfection. And I thought that, if I lived in Germany, I would probably think like that too, but I live in Mexico and my projects are here. I also invited WSP, one of the biggest international firms in the areas of MEP and sustainability, to collaborate on the proposal for the Museo de Energía y Tecnología I did with Loguer and on the Torre del Pegredal. They had some great ideas, but there were elements that were difficult to implement in Mexico: here we have so much to work with and can achieve incredible results within much more reasonable budgets. It took me a few years to realize all that, not because Mexico shouldn't be at the vanguard, but because we're already at the vanguard of what is done here, with much more passive systems. For example, when we did the stadium, we began by planning on an enormous biodigestor to consume the waste it was going to generate, but when you begin to quote, you discover that things like this are very expensive in Mexico, and you realize that sustainability in Mexico can be achieved by means of the climate, of the materials.

CDLM Which is why it is good to go back to basics: orientation, natural ventilation... As Kalach says, thinking is free.

ADG Countries with climates like that of Germany require technology, because you have very harsh winters, but not here. It's not that I'm against technology, but I like to work with what there is here.

CDLM Another constant I notice is that you have always taken decisions with great clarity. Without being arrogant about it, you have complete confidence in yourself about doing things a different way, which turns out to be the way it should be.

ADG I am guided by my common sense...

CDLM You see it as something very normal, but it isn't, and that is why your projects are successful: because of the sensibleness and sureness with which you design, because of your process and discipline.

ADG I am interested in practices that have taken a common-sense approach to doing things, and that has inspired me to follow: practices like those of Peter Zumthor, Eduardo Soto de Moura, Tadao Ando, who have been able to find balance and elegance in what they have to work with. That has been my inspiration, more than the great innovative firms,

su proceso y su rigor son los que le han dado el reconocimiento que posee, y no se dejó apantallar por estilos o tendencias.

MA Sin embargo, creo que hay una diferencia clara con los modelos que te inspiran, ya que son casos que se han ido construyendo poco a poco, y en cambio tú llegaste, y con mucha osadía has tomado algunas decisiones que te han permitido avanzar rápido. No es el proceso artesanal de sacarle la punta al lápiz, haces lo contrario a la práctica común.

ADG Sí, pero he sabido conocer mis límites y colaborar. Ante el reto de hacer el Estadio de los Diablos tenía que ser prudente y sensato. Aunque venía recién salido del despacho de Foster en donde participé en proyectos grandes, mi despacho era aún joven y chico. Tenía varias opciones para sacar el proyecto adelante como contratar mucha gente, o consultores especialistas, pero decidí asociarme con Francisco González-Pulido con quien acababa de colaborar en la propuesta para el Nuevo Aeropuerto de la Ciudad de México. Consideré que ir en sociedad era lo sensato para ese momento.

MA La sensatez y la locura te permiten abordar retos con soluciones mesuradas.

ADG Me gusta la parte de la colaboración, siento que los mejores proyectos salen de cosas poco cotidianas. Por ejemplo, la cubierta del estadio. No es mi técnica ni tampoco mi línea de diseño, es algo que no hubiera hecho yo. Es totalmente diseño de Francisco. Mi contribución tuvo más que ver con la parte urbana, las texturas, materiales, paisaje. En general, con la parte de los basamentos. Que se sintiera mexicano. Y el resultado creo que es muy interesante.

CDLM ¿Ahora qué sigue? ¿Qué viene de ahora en adelante?

ADG El otro día me preguntaban que cuál es el proyecto que más me emociona, y es el proyecto que no he hecho.

MA Teodoro respondía lo mismo.

CDLM Entonces, ¿qué no harías?

ADG Nada descarto, todo haría. He hecho desde un cuarto de 9 m^2 para el Infonavit hasta el estadio. Aunque sí hay algo que no haría, y es cuando me han solicitado lo bueno, bonito y barato. Porque para mí no existen esas 3 juntas, puedes juntar 2 nada más, pero no las 3. Pero además la mentalidad de quien está buscando algo así, no está viendo la importancia de hacer bien las cosas. Eso es lo que he rechazado, el desarrollador *greedy* que busca lo rápido, bueno, bonito y barato. No estoy hablando de presupuesto, porque el presupuesto no es tan importante. Si no hay interés de hacer algo bien hecho, no se puede. De allí en fuera todo me interesa.

like Zaha. To be sure, Zumthor became known only well into his career, because his process and his rigor are what have given him the recognition he now enjoys, and he never allowed himself to be dazzled by styles and trends.

MA Nevertheless, I believe there's a clear difference with respect to the models that inspire you, since they have built themselves up little by little, whereas you arrived, and with great audacity you have taken decisions that have allowed you to progress rapidly. It's not the simple craft of sharpening a pencil: you do the opposite of what most firms do.

ADG Yes, but I am aware of my limits and know how to collaborate. In the face of the challenge of the stadium for the Diablos Rojos, I had to be prudent and sensible. Although I had just come from Foster's firm, where I participated in large projects, my own firm was still young and small. I had several options for carrying out the project, such as hiring a lot of people, or specialized consultants, but I decided to go into partnership with Francisco González-Pulido, with whom I had just collaborated on a proposal for the new Mexico City airport. I thought a partnership was the most sensible thing at that moment.

MA A combination of common sense and madness allows you to confront challenges with measured solutions.

ADG I like collaboration: I feel the best projects come out of unusual things. For example, the roof of the stadium. It's not part of my technical expertise or my line of design: it's completely Francisco's, and not something I would have done. My contribution had more to do with the urban aspect, the textures, the materials, the landscape. In general, with the base elements. I wanted it to feel Mexican. And I think the result is very interesting.

CDLM What comes next? What's in the future?

ADG The other day I was asked what project I am most excited about. It's the project I have not done yet.

MA Teodoro used to say the same thing.

CDLM Well then, what wouldn't you do?

ADG I don't rule anything out: I would look at anything. I have done everything from a nine-square-meter room for the Infonavit to the stadium. Although there is something I wouldn't do, and that is when they ask me for something good, beautiful, and cheap [*bueno, bonito, barato*]. For me those three things do not exist together: you can combine two of them, but not all three. But apart from that, it's the mentality that is looking for something like that, and not seeing the importance of doing things well. That is what I reject: the greedy developer who is looking for something fast, good, beautiful, and cheap. I'm not only talking about budgets, because the budget is not so important, but if there is no interest in having something well done, I can't do it. Apart from that, everything interests me.

REDENSIFICACIÓN URBANA,
XALISCO, NAYARIT

CASA PARA CRISTINA,
OCUILAN, ESTADO DE MÉXICO

I

DECÍA LE CORBUSIER QUE SU ÚNICA ESCUELA ERA EL PASADO. SABER VER Y RECONOCER LO PROPIO FORMA PARTE DEL PROCESO DE CREACIÓN. LOS BASAMENTOS DE PIEDRA, LOS TALUDES, LOS PATIOS O EL VACÍO SON COMPONENTES INHERENTES A LO MEXICANO QUE ESTÁN IMPLÍCITOS EN LA ARQUITECTURA PREHISPÁNICA, COLONIAL Y MODERNA. LA MEMORIA DE TEOTIHUACÁN, EL ZÓCALO O CIUDAD UNIVERSITARIA ESTÁ PRESENTE EN LA OBRA CONTEMPORÁNEA DE TALLER ADG.

RAÍCES

I

LE CORBUSIER USED TO SAY THAT HIS ONLY SCHOOL WAS THE PAST. BEING ABLE TO SEE AND RECOGNIZE WHAT IS ONE'S OWN IS PART OF THE PROCESS OF CREATION. STONE PLATFORMS, MOUNDS, PATIOS, AND VOIDS HAVE BEEN INTEGRAL COMPONENTS OF MEXICAN ARCHITECTURE THROUGHOUT HISTORY, IMPLICIT IN ITS PRE-HISPANIC, COLONIAL, AND MODERN PERIODS. THE MEMORY OF TEOTIHUACAN, OF THE ZÓCALO (THE MAIN SQUARE IN MEXICO CITY), AND OF CIUDAD UNIVERSITARIA REMAINS PRESENT IN THE CONTEMPORARY WORK OF TALLER ADG.

ROOTS

ESTADIO ALFREDO HARP HELÚ

Año Year: 2019

Área construida Constructed surface area: 60,000 m²

Ubicación Location: Ciudad de México

Diseño / Arquitectura Design / Architecture: FGP-Atelier & Taller ADG

Cubierta Roof: Francisco González Pulido (FGP-Atelier)

Paisaje y entorno Landscape and surroundings: Alonso de Garay (Taller ADG)

Esta gran arena pública alberga el estadio de béisbol. La explanada circundante para acceder al estadio puede convertirse en mercado temporal como sucedía alrededor de los templos mesoamericanos. Seis pirámides truncas, revestidas con paneles prefabricados a base de roca volcánica, soportan la cubierta y albergan el programa de apoyo y servicios. Una gran cubierta translúcida que se asemeja a la lanza del tridente del equipo local está conformada por una osada estructura de acero y membrana de PTFE (*politetrafluorentileno*).

This large public arena houses a baseball stadium. The surrounding esplanade, which provides access to the stadium, can be transformed into a seasonal market, just as was done around Mesoamerican temples in pre-Hispanic times. Six truncated pyramids, clad in prefabricated panels of volcanic stone, support the roof structure and house the program of services and support. The large translucent roof, a daring steel structure with a polytetrafluoroethylene membrane, evokes the trident of the local team's logo.

40

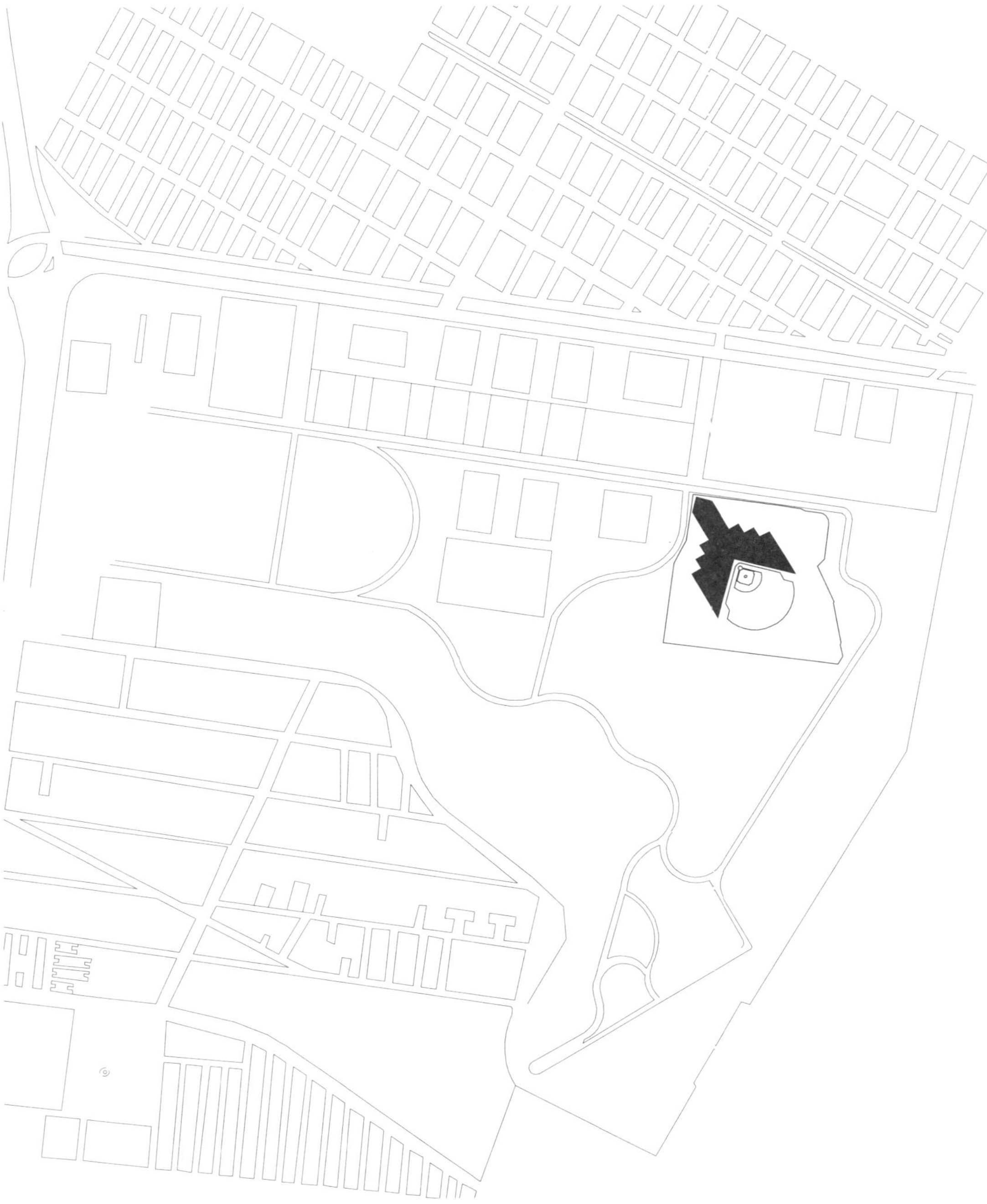

MAPA DE UBICACIÓN

LOCATION MAP

N | 0 | 100 | 500 |

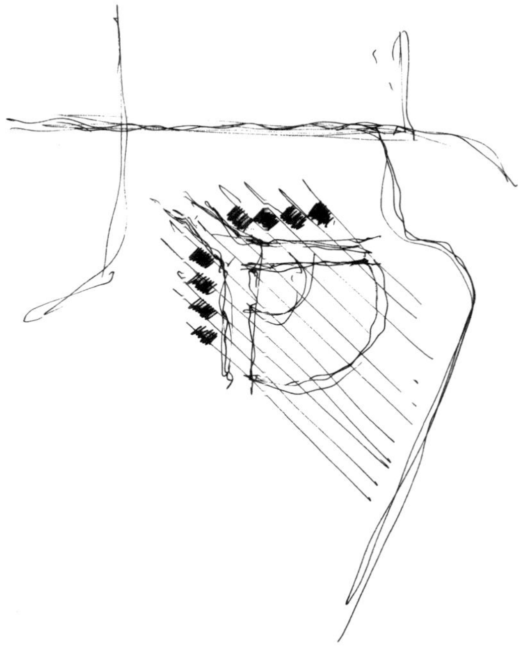

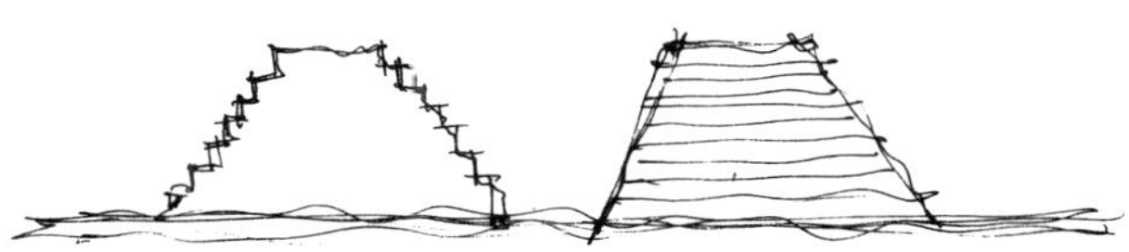

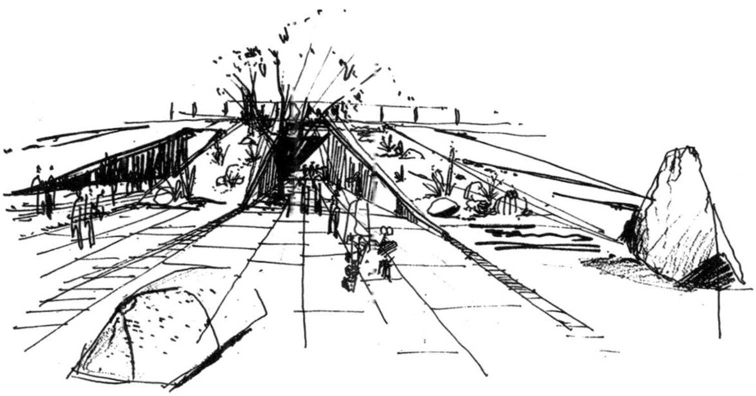

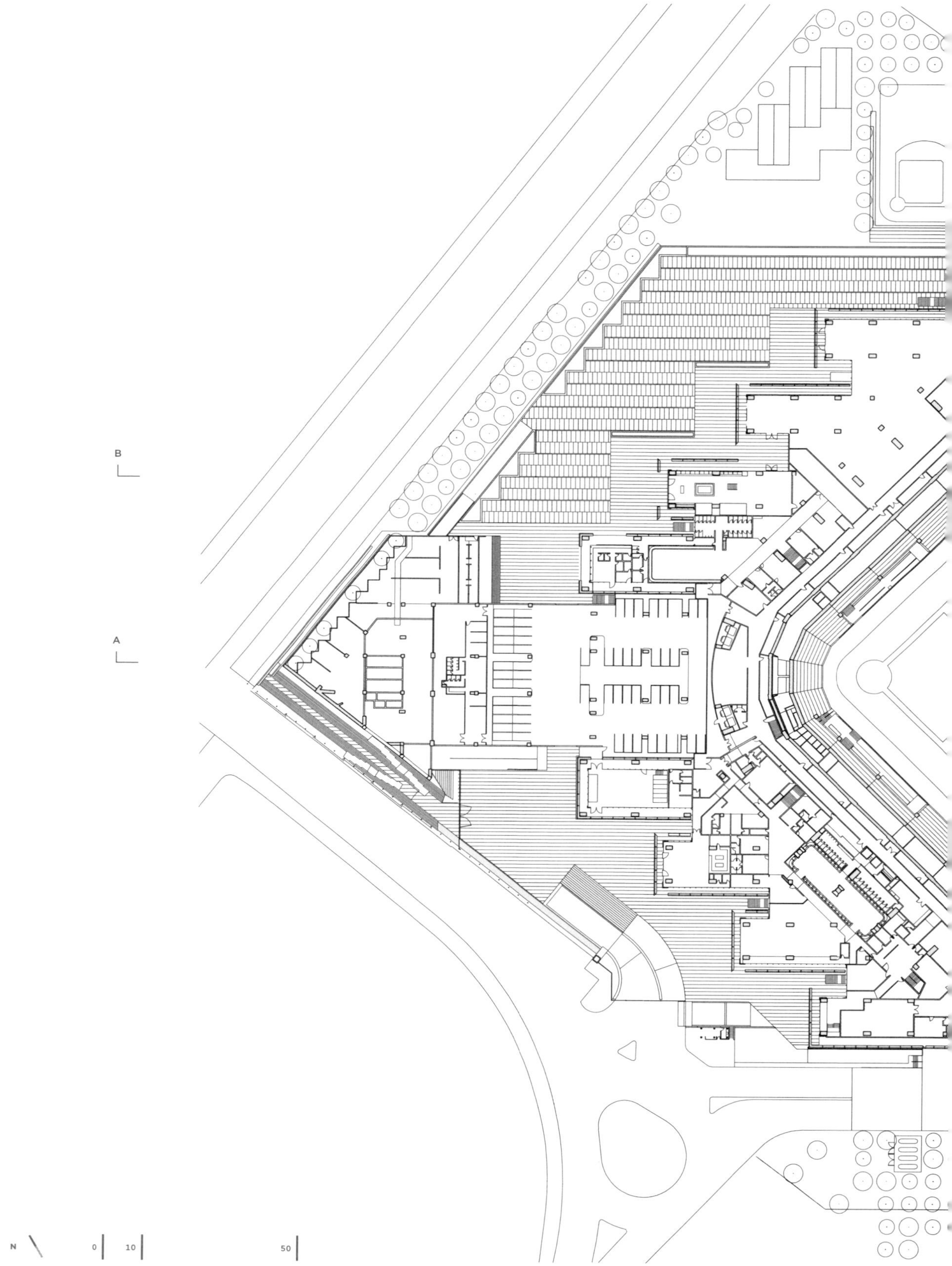
B
A
N
0
10
50

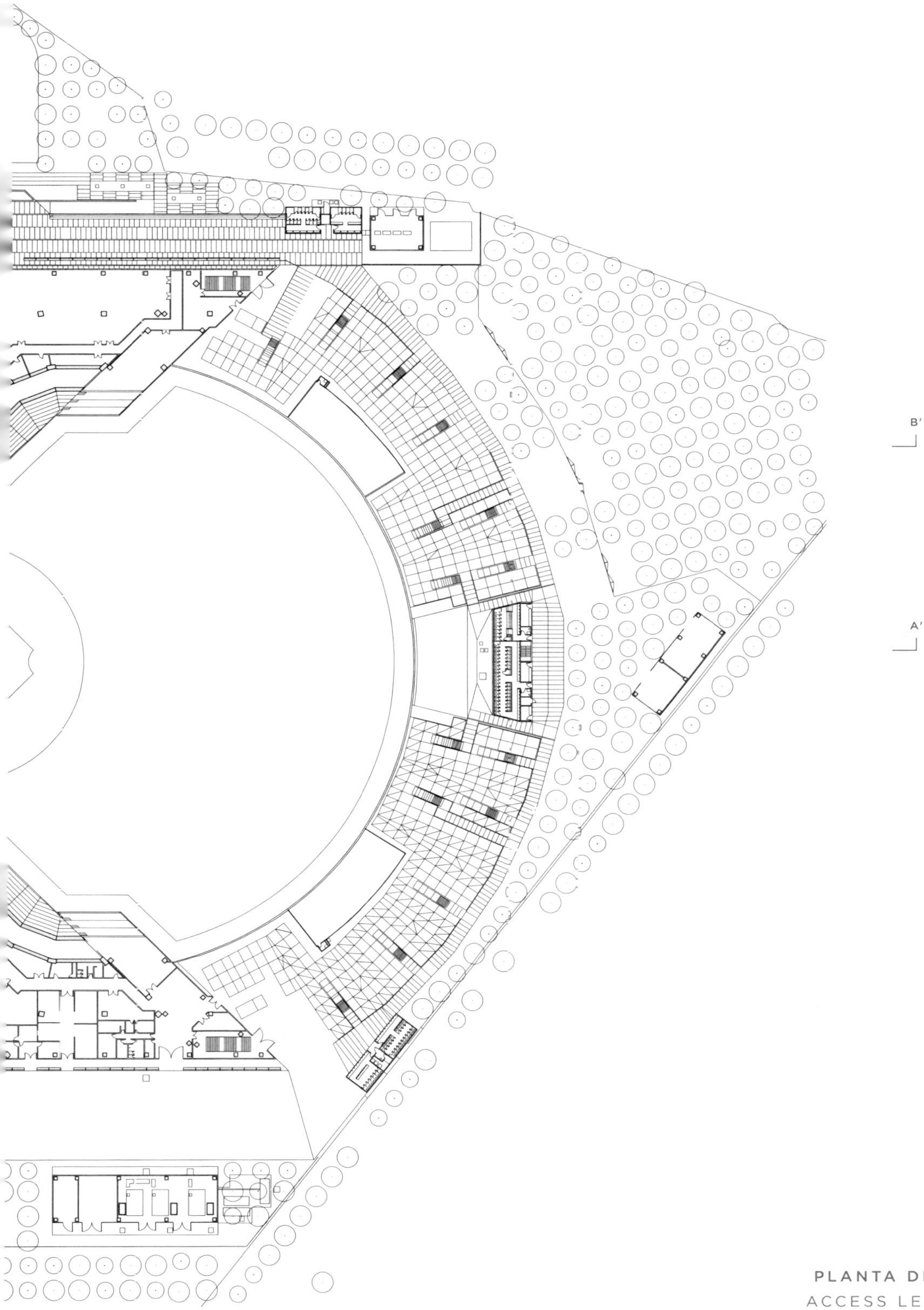

PLANTA DE ACCESO
ACCESS LEVEL PLAN

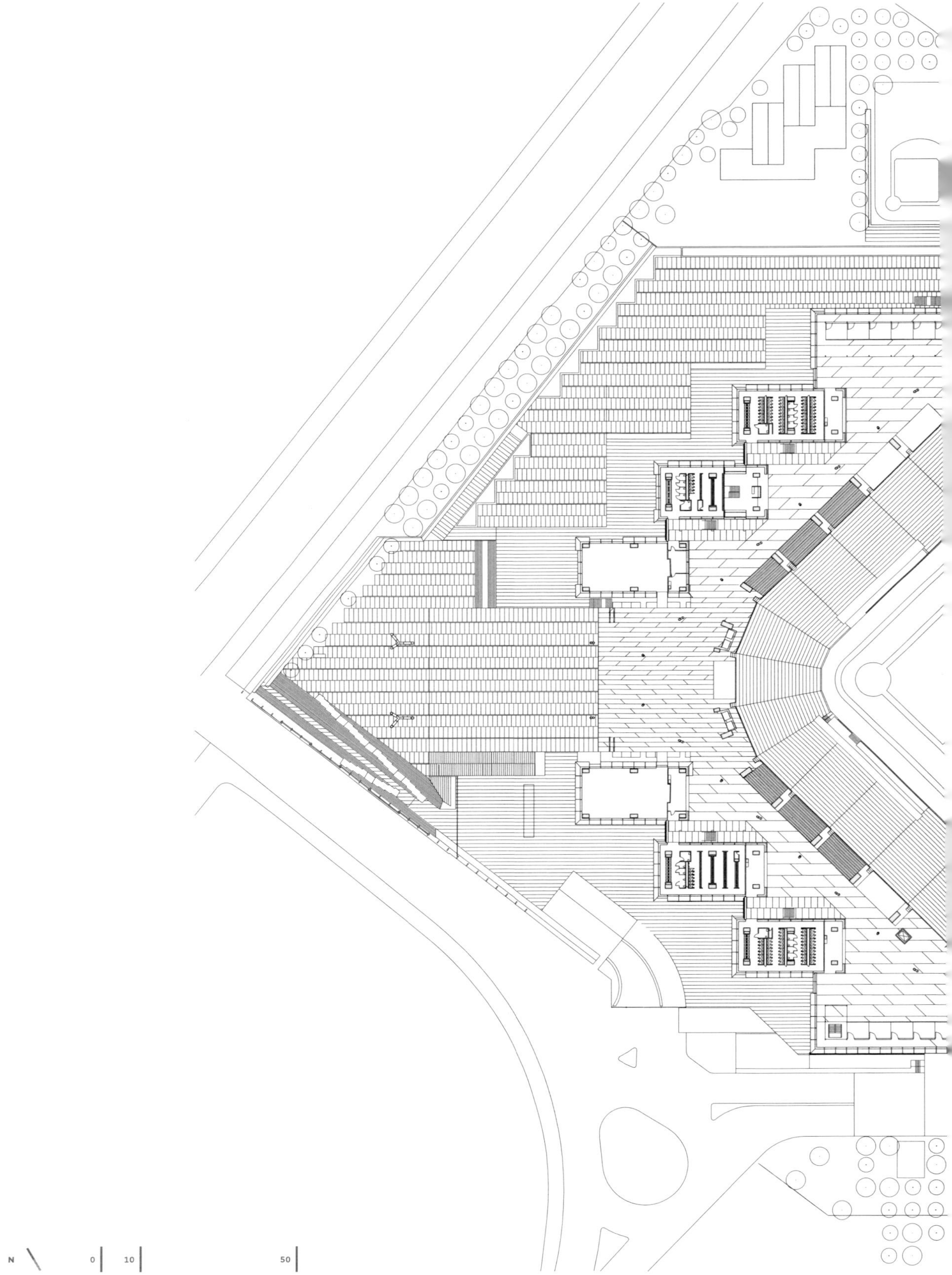
N
0
10
50

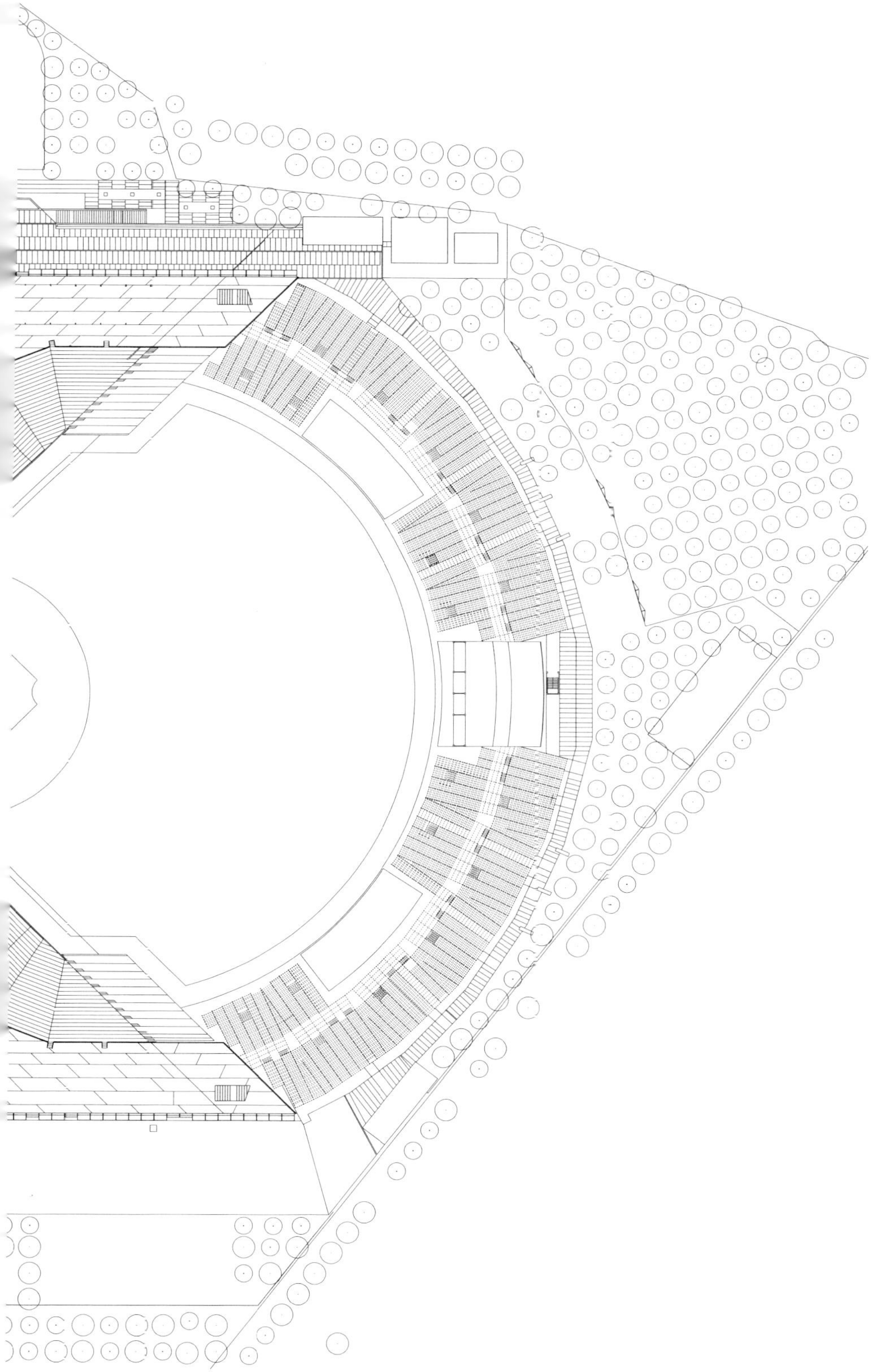

47

PLANTA NIVEL 1
LEVEL 1 PLAN

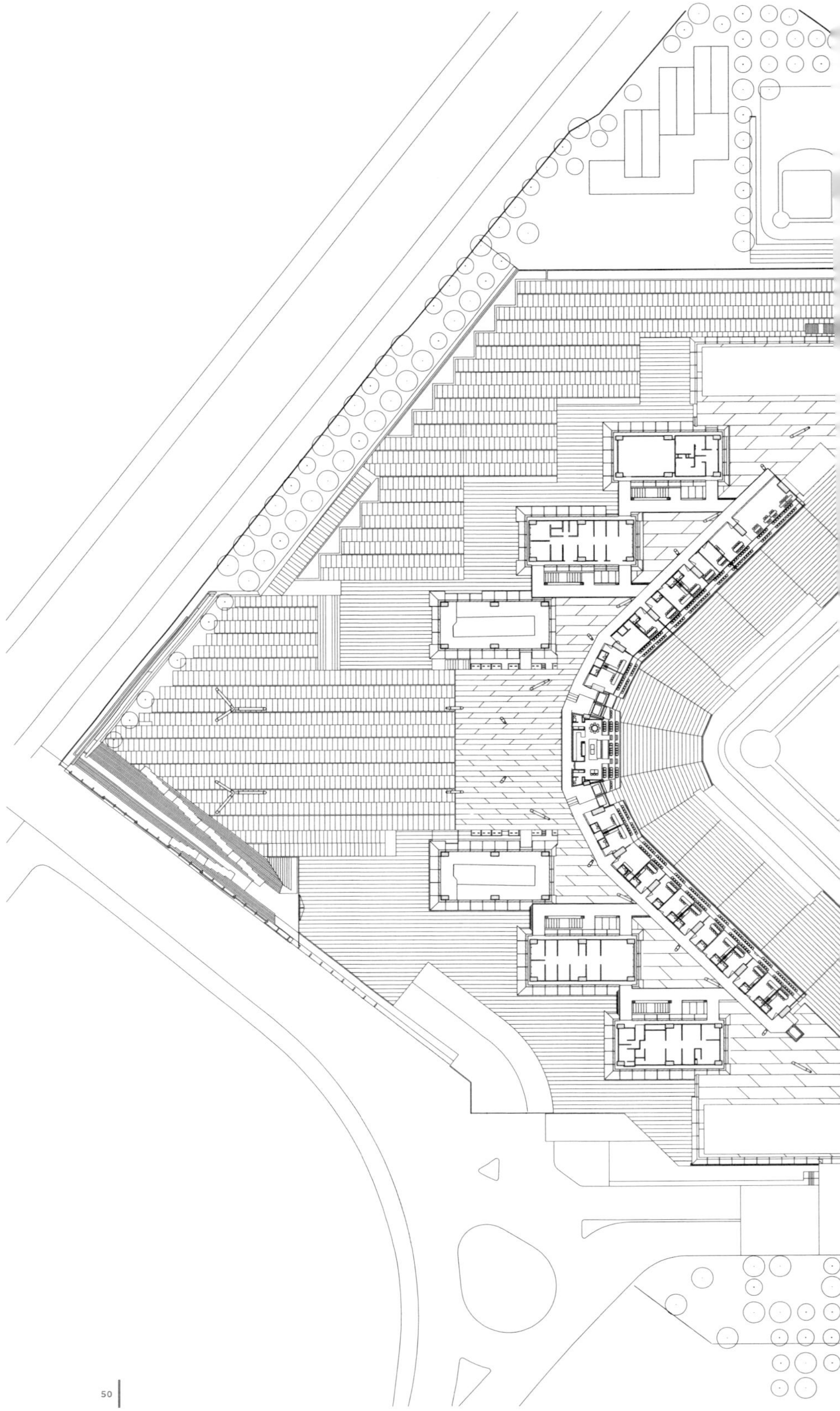

N 0 10 50

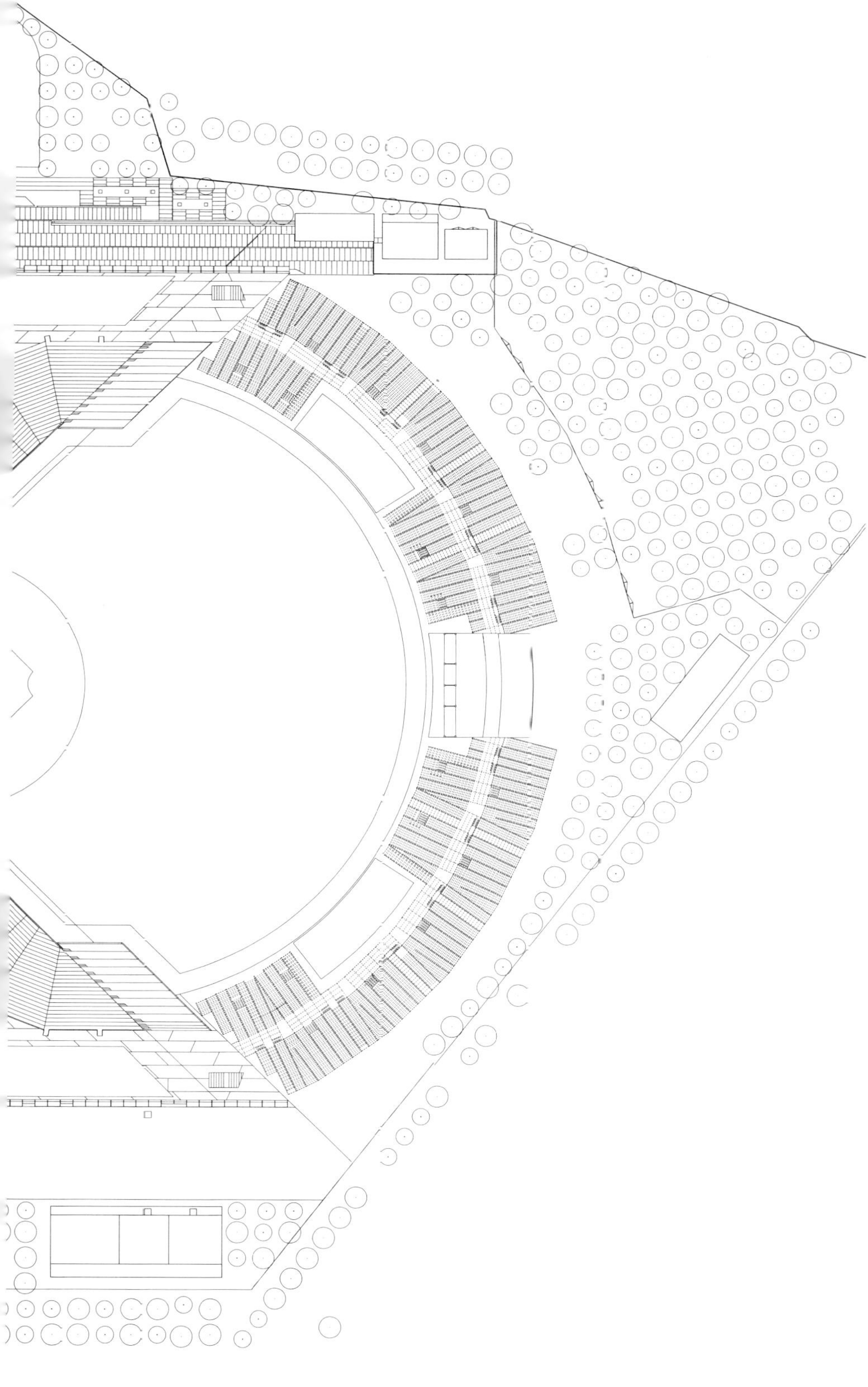

PLANTA PALCOS
BOX SEATS PLAN

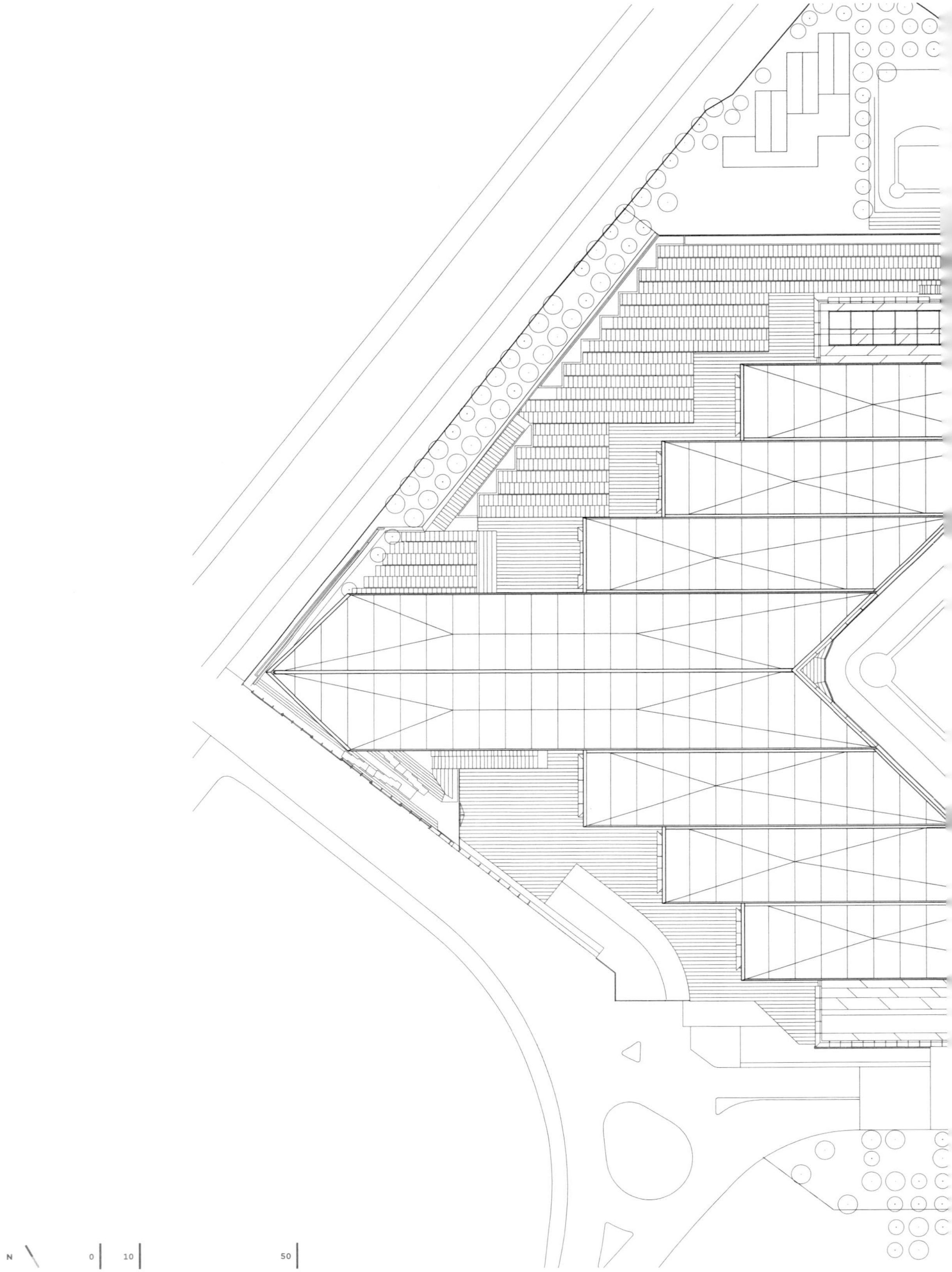
N
0
10
50

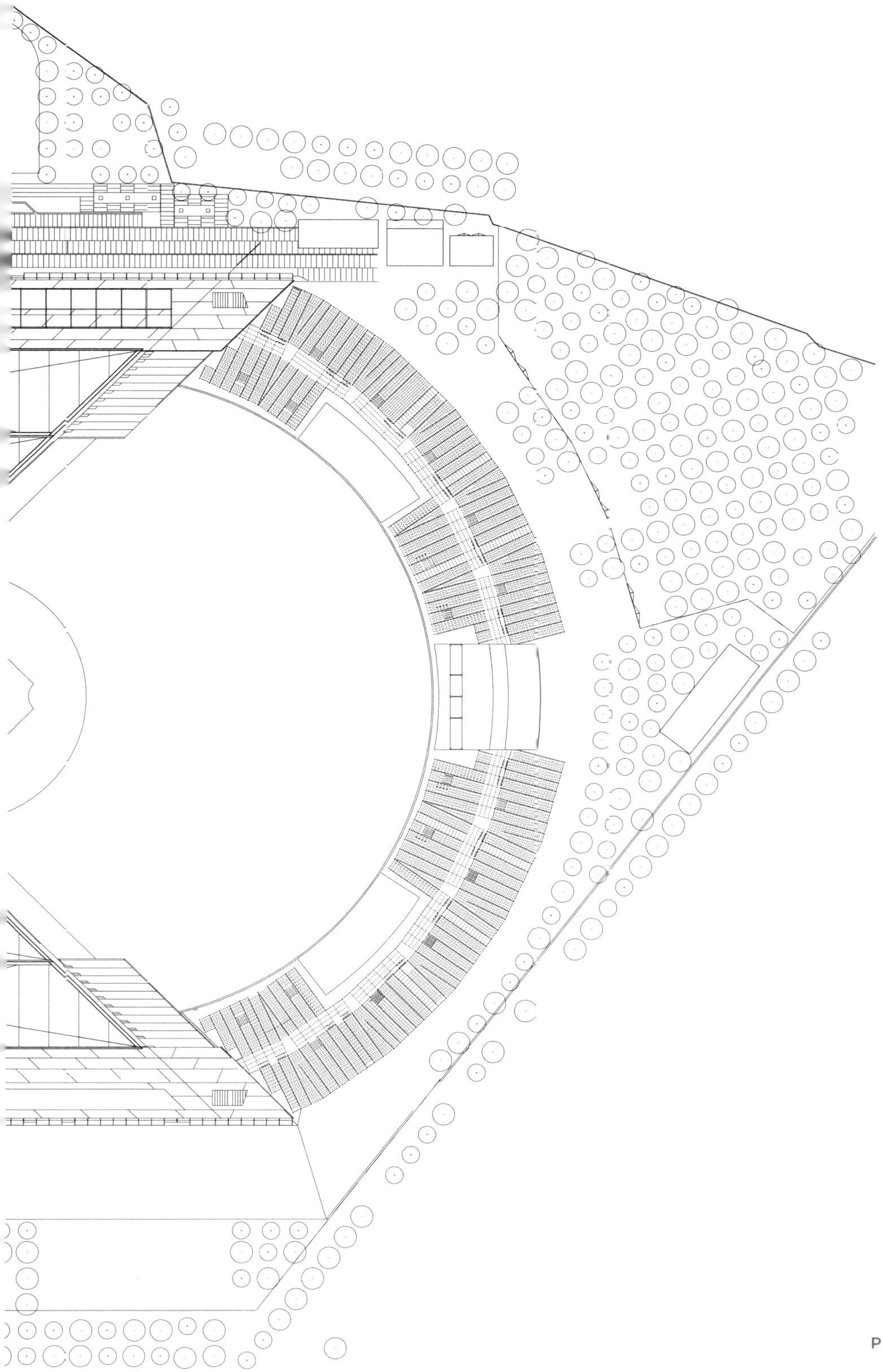

PLANTA CUBIERTA
ROOF PLAN

52

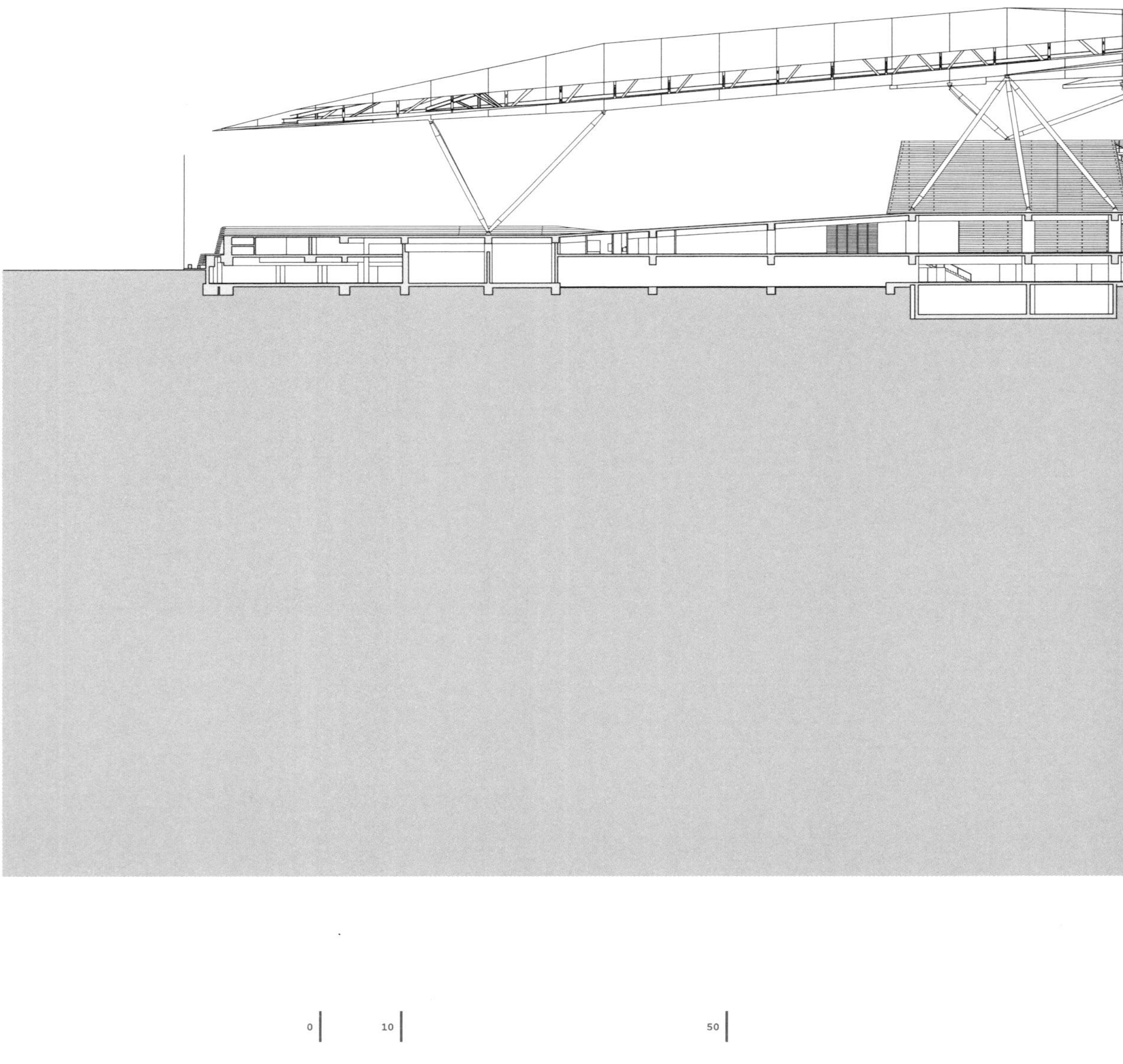

SECCIÓN LONGITUDINAL A
LONGITUDINAL SECTION A

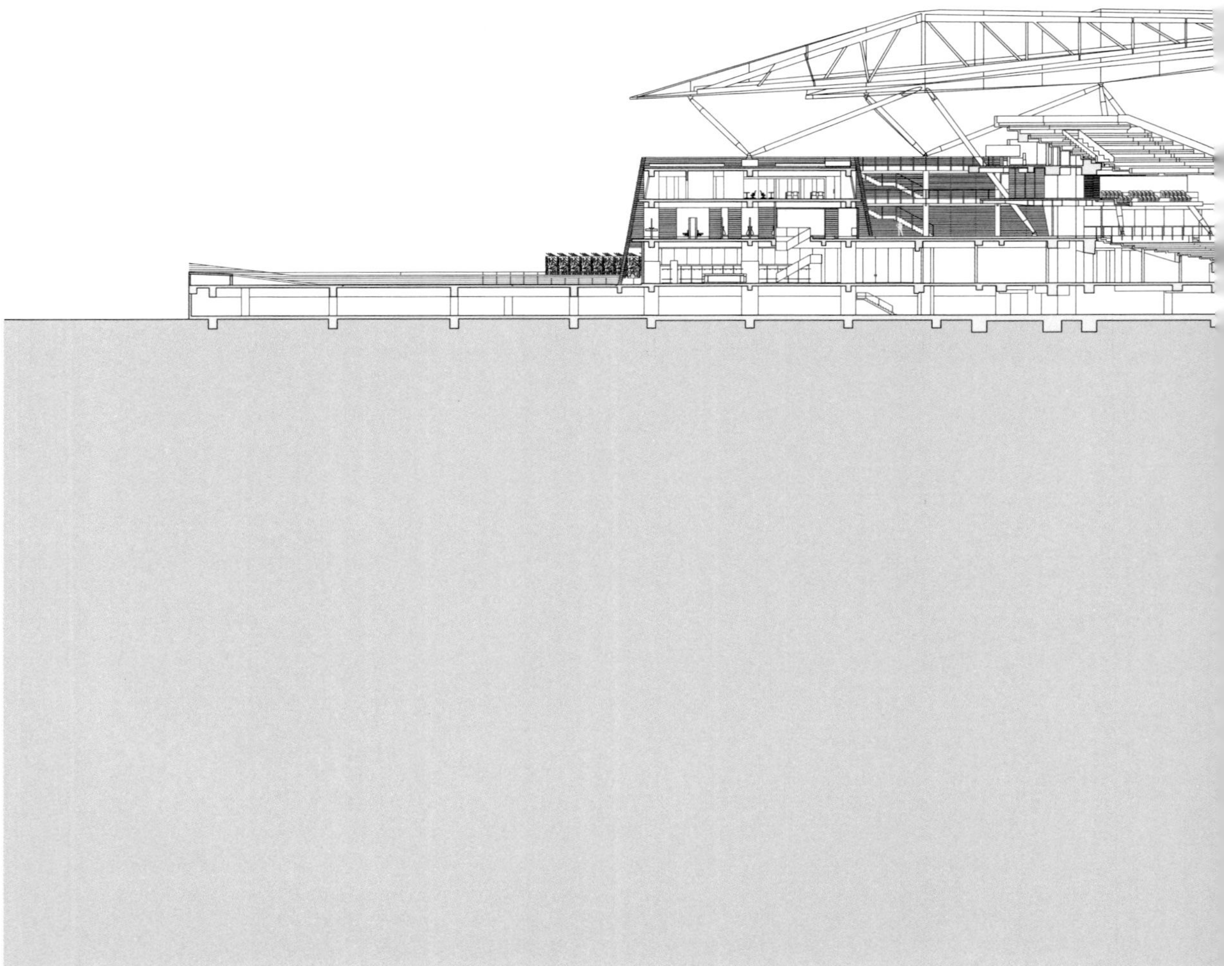

0 10 50

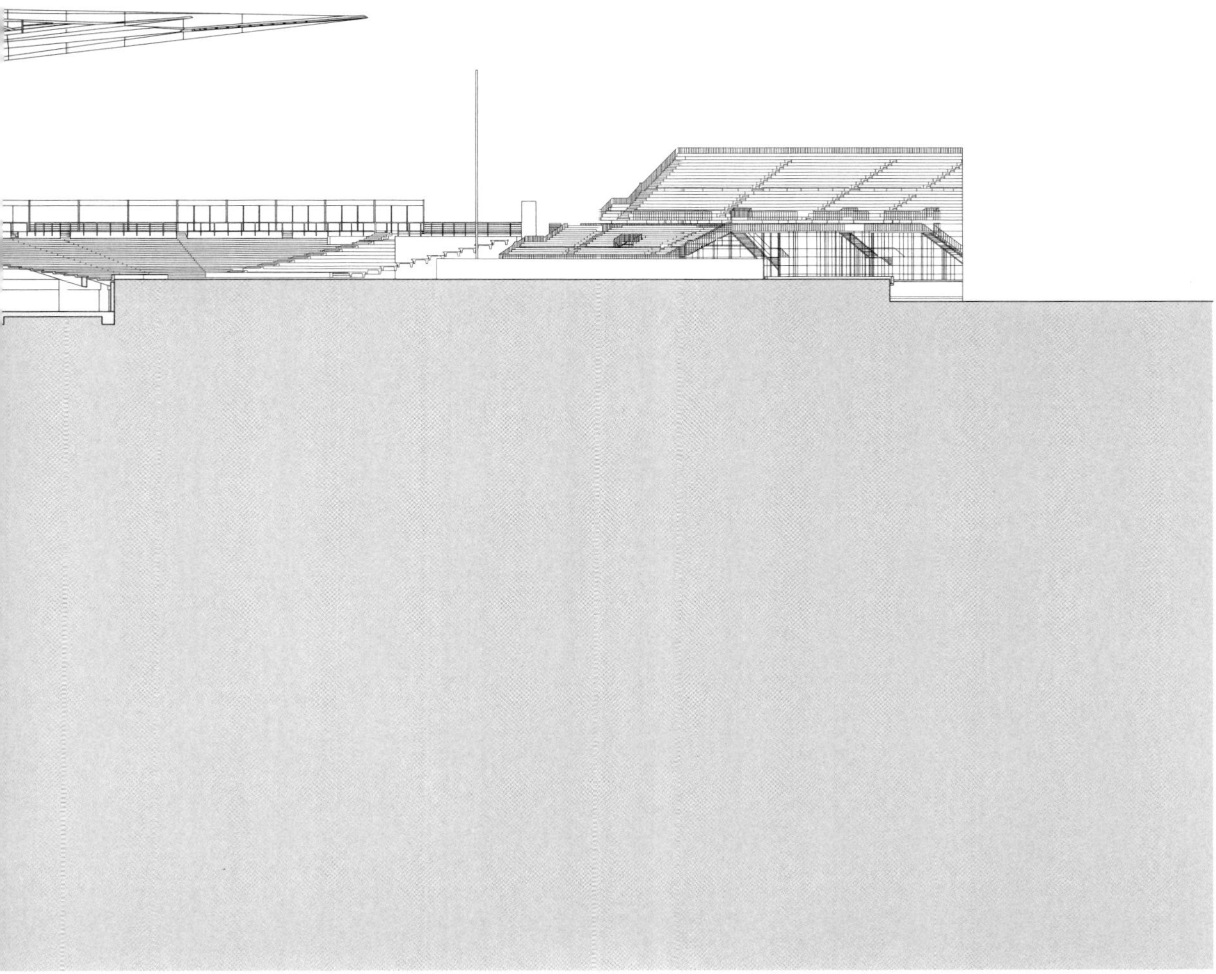

SECCIÓN LONGITUDINAL B
LONGITUDINAL SECTION B

VS

TAQUILLA

ESTADIO FRAY NANO

Año Year: 2015

Área construida Constructed surface area: 4,395 m²

Ubicación Location: Ciudad de México

El estadio Fray Nano es la rehabilitación del que albergó la Liga Centropolitana. Se reforzó la estructura original y se construyó un nuevo graderío que alberga en su parte inferior las oficinas administrativas, el gimnasio y los baños. Una nueva plaza de acceso y un corredor gastronómico con locales comerciales completa el conjunto deportivo.

The renovation of this stadium, which is used for baseball games of the Liga Centropolitana, consisted of the reinforcement of the original structure, with new grandstands that also house, in the lower part, the administrative offices, a gymnasium, and the restrooms. A new entrance plaza and a food court with commercial spaces complete the program of this sports complex.

MAPA DE UBICACIÓN
LOCATION MAP

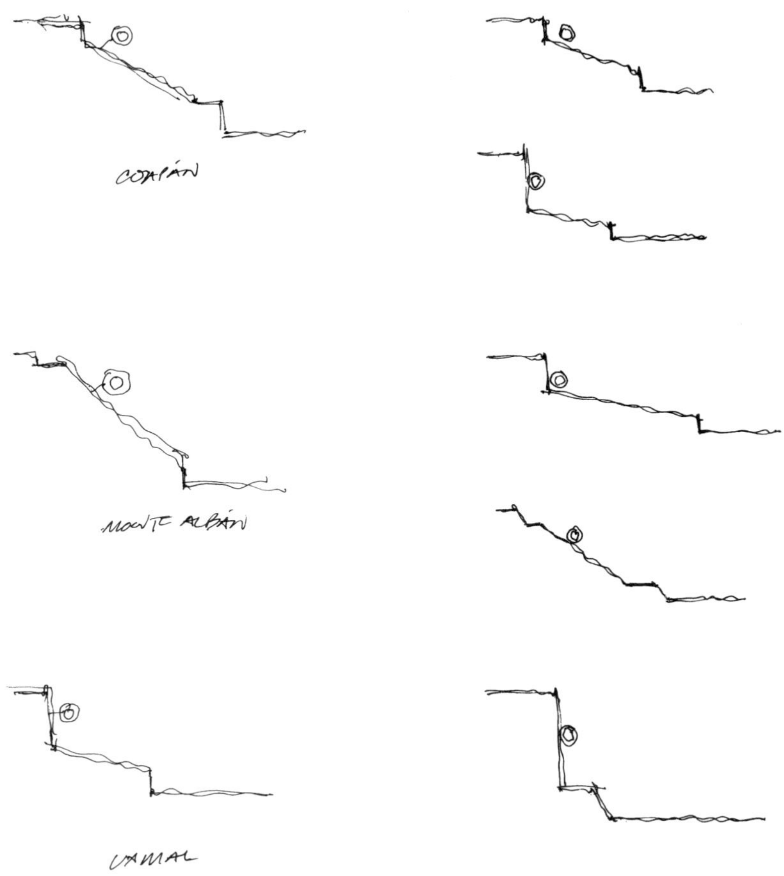
COPÁN
MONTE ALBÁN
UXMAL

N
0
10
50

PLANO DE CONJUNTO
SITE PLAN

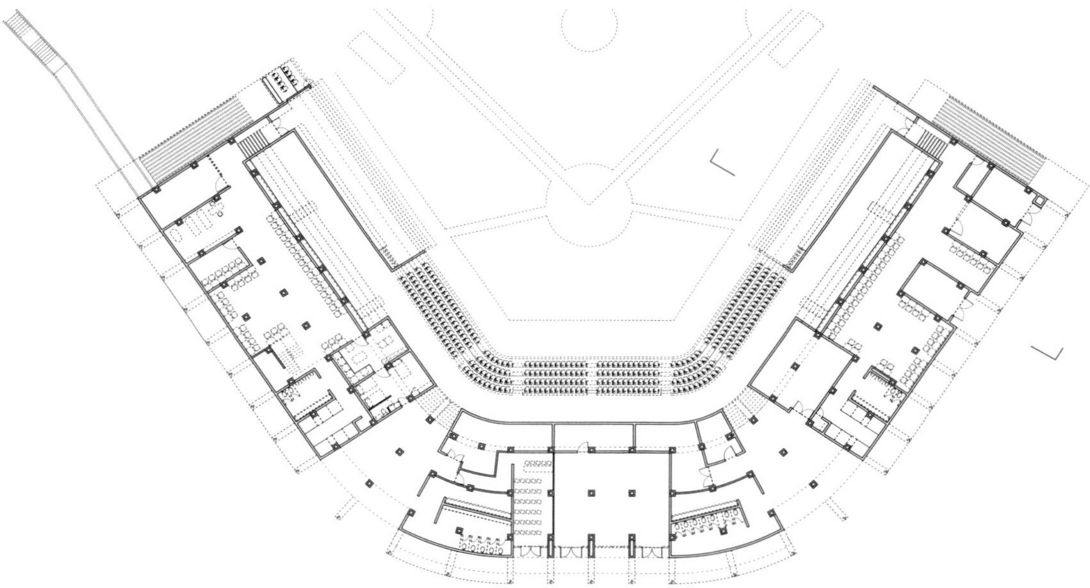

PLANTA BAJA
GROUND FLOOR PLAN

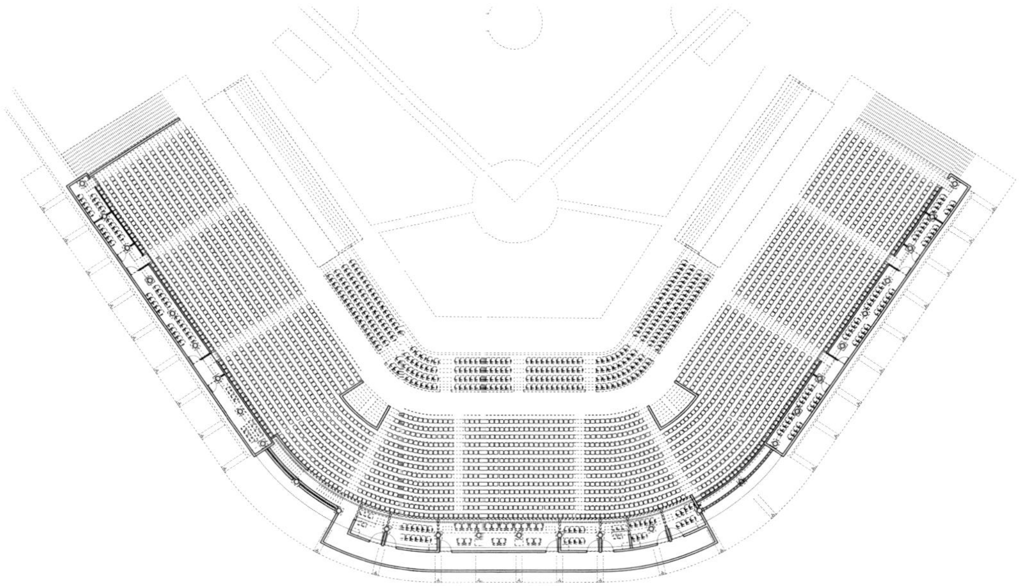

PLANTA PALCOS NIVEL 2

LEVEL 2 BOX SEATS PLAN

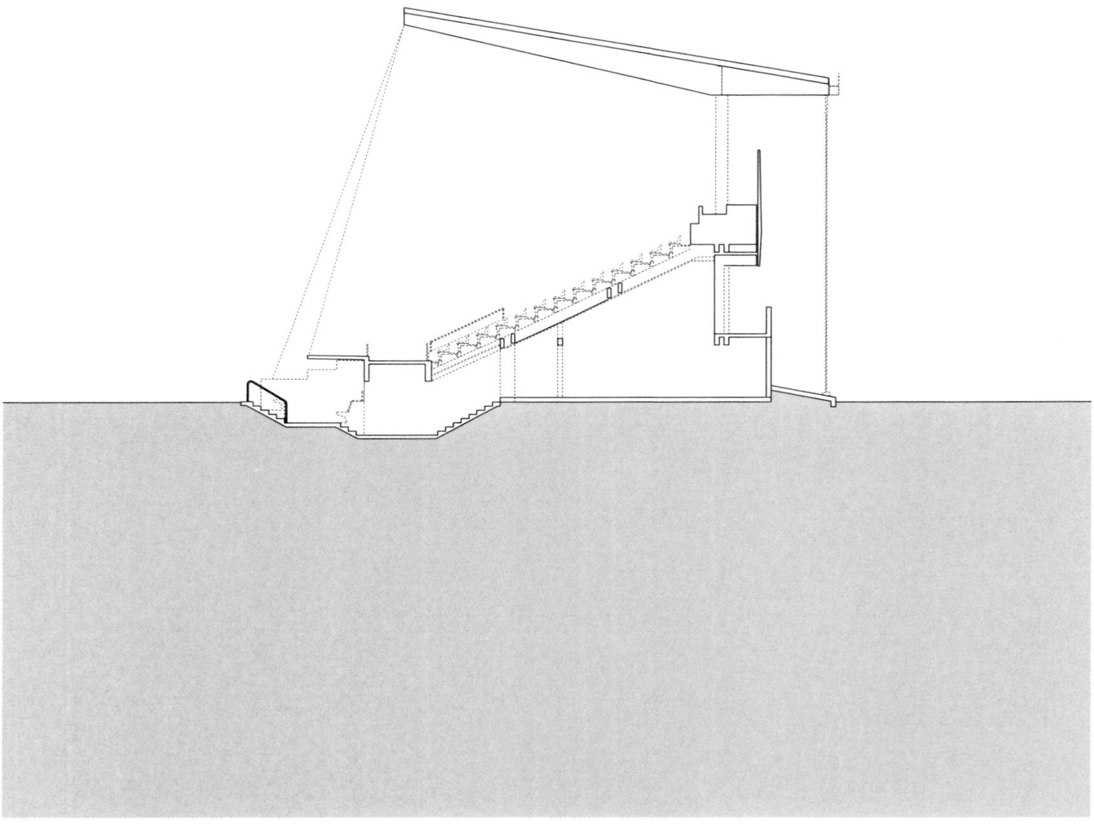

SECCIÓN TRANSVERSAL
TRANSVERSAL SECTION

0 2 10

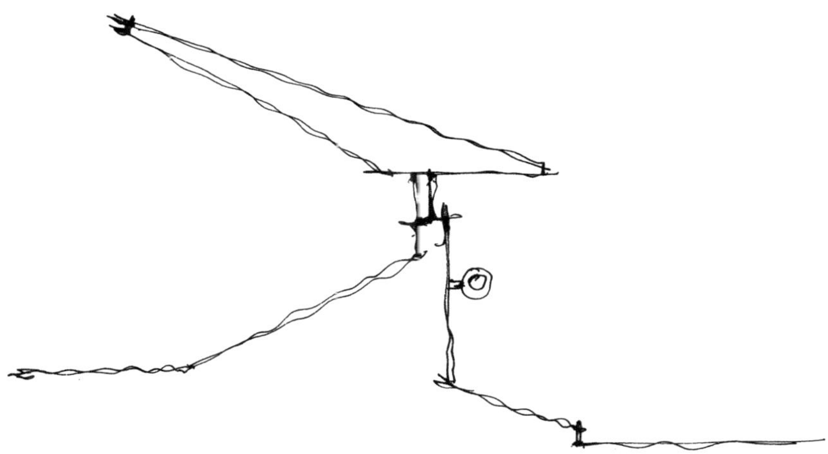

FRAY NANO.

II

SIEMPRE HAY UN TRAZO LÓGICO, UN CAMINO DE SÍNTESIS, QUE LEJOS DE LO SIMPLE, PROCURAN MOSTRAR LOS MATERIALES COMO SON Y EXPRESAN LA LEGIBILIDAD DE LAS ESTRUCTURAS. LA AUSENCIA DE ORNAMENTACIÓN, COMO PROPONÍA ADOLF LOOS, CONLLEVA LA SIMPLICIDAD EN EL TRATAMIENTO DE LAS SUPERFICIES ARQUITECTÓNICAS. LOS MUROS DE CONCRETO APARENTE PUEDEN SER MÁS EXPRESIVOS Y SINCEROS QUE LA SOBREXPOSICIÓN DE CAPAS DECORATIVAS. LA SIMPLICIDAD MINIMALISTA ESTÁ DEFINIDA POR EL CARÁCTER ACERTADO DE LO QUE ESTÁ PRESENTE.

SIMPLICIDAD

II

THERE IS ALWAYS A LOGICAL ORGANIZATION, A PATH TOWARD SYNTHESIS, WHICH —THOUGH FAR FROM SIMPLE— SEEKS TO SHOW MATERIALS FOR WHAT THEY ARE AND CLARIFIES THE LEGIBILITY OF A STRUCTURE. AN ABSENCE OF ORNAMENTATION, AS ADOLF LOOS PROPOSED, SIGNIFIES SIMPLICITY IN THE TREATMENT OF ARCHITECTURAL SURFACES. EXPOSED CONCRETE WALLS MAY BE MORE FRANKLY EXPRESSIVE THAN AN OVEREXPOSURE OF DECORATIVE LAYERS. MINIMALIST SIMPLICITY IS DEFINED BY THE FULLY ACHIEVED CHARACTER OF WHAT IS ACTUALLY PRESENT.

SIMPLICITY

CASA DESIERTO DE LOS LEONES

Año Year: 2017
Área construida Constructed surface area: 835 m^2
Ubicación Location: Ciudad de México

Se parte de la forma prototípica de casa con cubierta a dos aguas. La fragmentación de espacios, cubos de luz que perfora el volumen y las terrazas transforman el volumen hermético original. En la planta baja se ubican las áreas comunes de convivencia y las recámaras en la planta superior. El vestíbulo y el comedor son espacios a doble altura. En el sótano se encuentra la bodega, cuarto de lavandería, área de servicios, cuarto de máquinas y cisterna.

The starting point of this project is the prototypical form of a house with pitched roof. The fragmentation of the spaces, the skylights that perforate the volume, and the terraces transform the originally hermetic structure. The common areas are on the lower floor and the bedrooms on the upper level. The vestibule and the dining room are both double-height spaces. In the basement there is a storage room, a laundry room, a service area, a machine room, and a water tank.

MAPA DE UBICACIÓN
LOCATION MAP

N 0 10 50

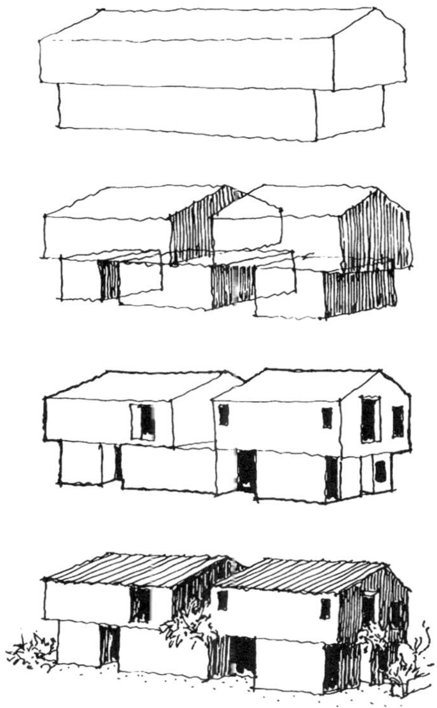

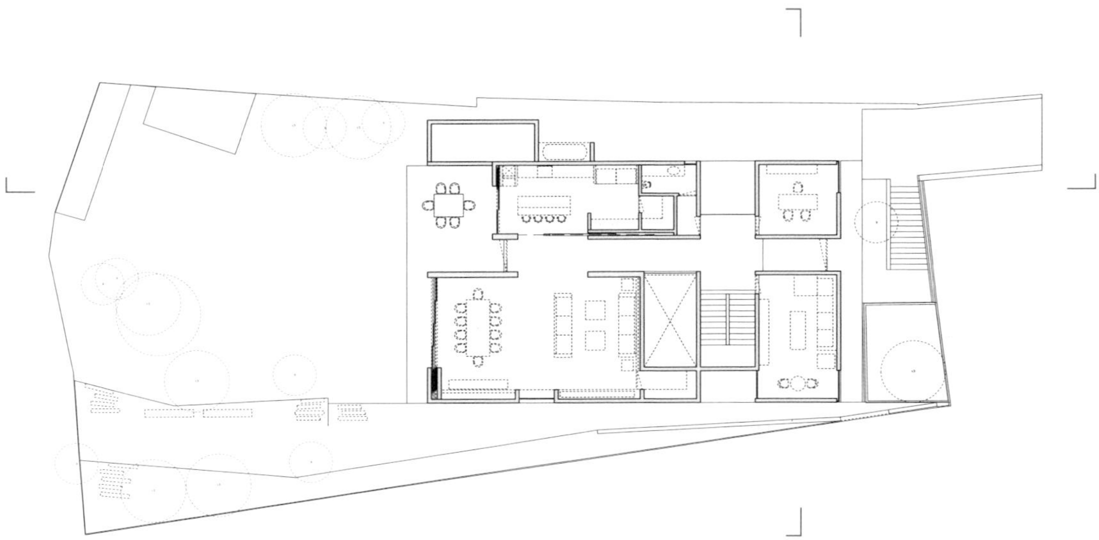

PLANTA BAJA
GROUND FLOOR PLAN

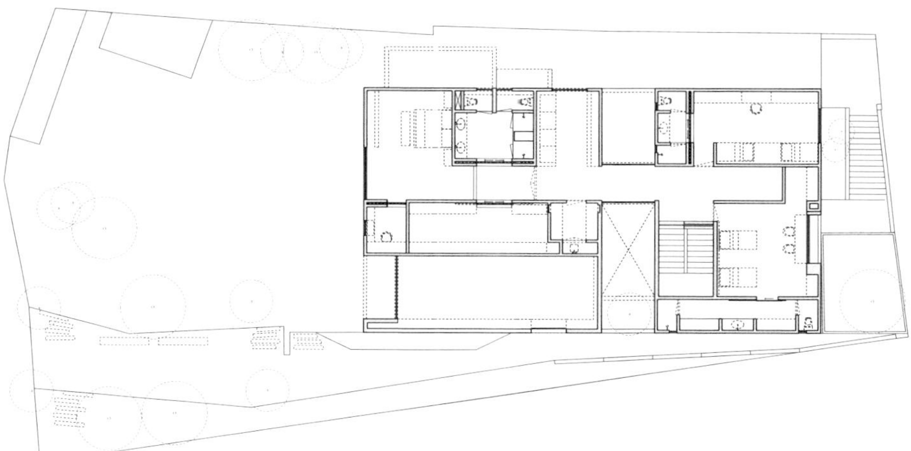

PLANTA ALTA
UPPER LEVEL PLAN

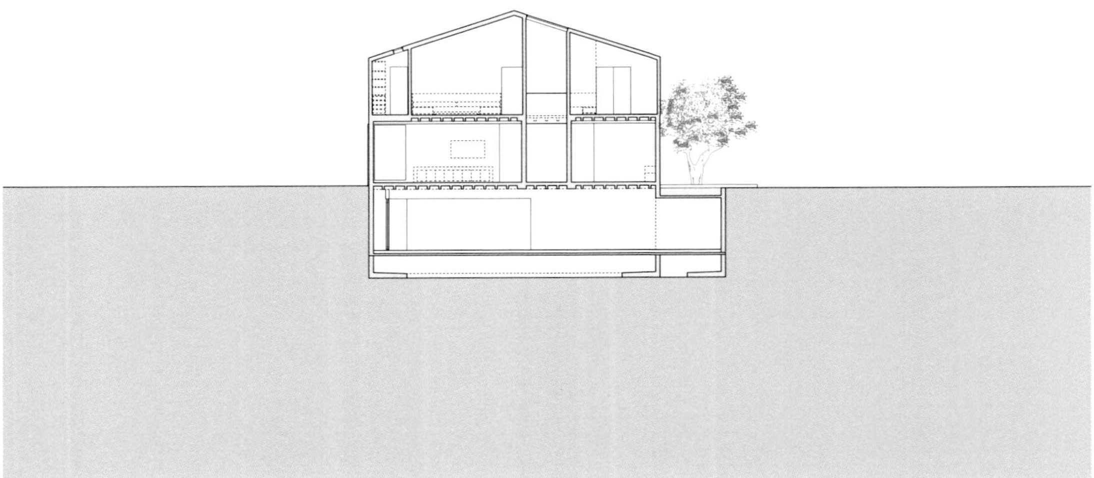

SECCIÓN TRANSVERSAL
TRANSVERSAL SECTION

0 2 10

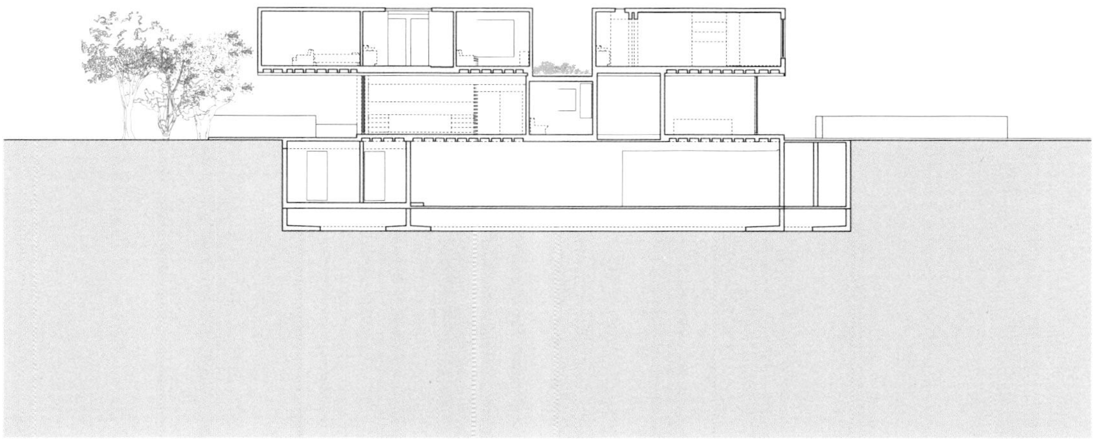

SECCIÓN LONGITUDINAL
LONGITUDINAL SECTION

III

EL VERDADERO CONFORT RADICA EN UN ESTADO TOTAL DE CLARIDAD DONDE EL OJO, LA MENTE Y EL CUERPO ESTÉN EN SINTONÍA. LA CALIDAD DE LA CONSTRUCCIÓN, LA LUZ Y LA NOBLEZA DE LOS MATERIALES EMPLEADOS —MÁRMOL, ROBLE, CONCRETO, PIEDRA VOLCÁNICA, ETC.— DETERMINAN LA EXPERIENCIA ESPACIAL QUE TIENE QUE VER CON TODO. LA CALIDAD TIENE QUE VER CON LA PRECISIÓN MÁS QUE CON EL COSTO DE LOS MATERIALES, Y SE PERCIBE TANTO EN LAS TEXTURAS COMO EN LOS DESPIECES Y LAS UNIONES DE LOS MATERIALES. DECÍA LUDWIG MIES VAN DER ROHE QUE "DIOS ESTÁ EN LOS DETALLES" Y AHÍ ES DONDE SE MANIFIESTA LA CALIDAD.

CALIDAD

III

GENUINE COMFORT RESIDES IN A COMPLETE STATE OF CLARITY, WHERE EYE, MIND, AND BODY ARE ALL IN TUNE. THE QUALITY OF THE CONSTRUCTION, THE LIGHT, AND THE NOBILITY OF MATERIALS USED —MARBLE, OAK, CONCRETE, VOLCANIC STONE, ETC.— DETERMINE THE SPATIAL EXPERIENCE THAT IS A RESULT OF THE WHOLE. QUALITY HAS MORE TO DO WITH PRECISION THAN WITH THE COST OF MATERIAL, AND CAN BE PERCEIVED NOT ONLY IN THE TEXTURES BUT ALSO IN THE CONNECTIONS AND SEPARATIONS OF THE MATERIALS. MIES VAN DER ROHE USED TO SAY THAT "GOD IS IN THE DETAILS." THAT IS ALSO WHERE QUALITY IS TO BE FOUND.

QUALITY

DEPARTAMENTO BEZARES

Año Year: 2017

Área construida Constructed surface area: 653 m^2

Ubicación Location: Ciudad de México

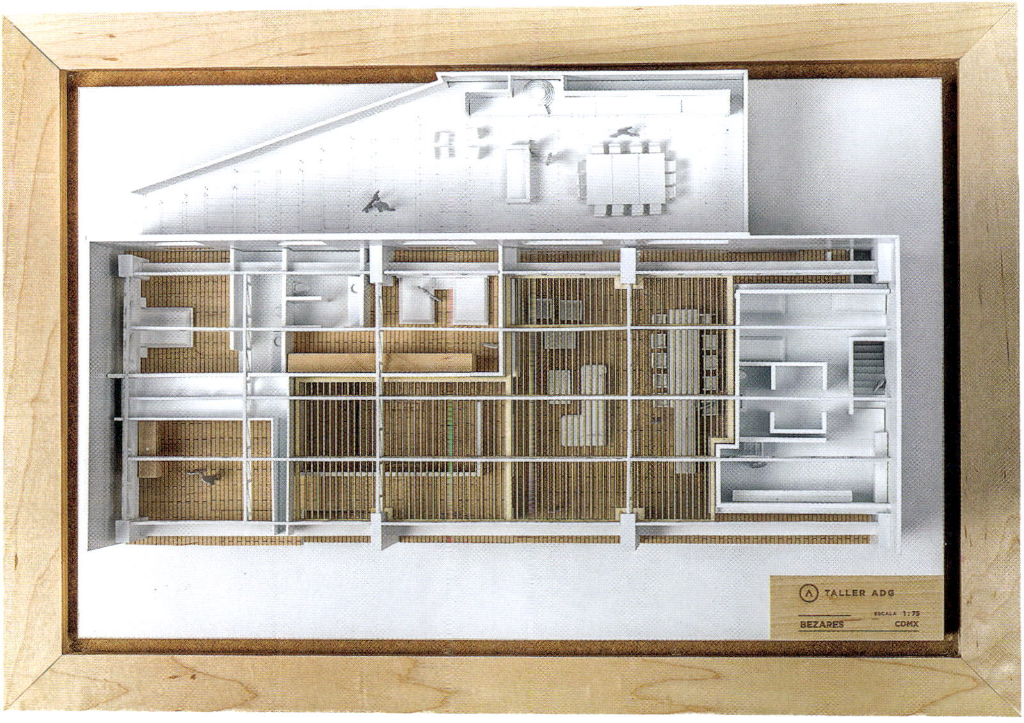
TALLER ADG
ESCALA 1:75
BEZARES
CDMX

Esta vivienda se ubica en el piso de un edificio que fue un laboratorio. Al espacio abierto se le agregó un tapanco, aprovechando la gran altura de piso a techo para generar otra área de recámaras. Lo más notorio de este proyecto es su "escalera/estar", conformada por gradas y descansos frente al *home theater,* como una pequeña sala de cine. El patio completa el programa con un horno de pizza, un asador y un jardín.

This residence is located on the floor of a building formerly occupied by a laboratory. A half-level was added to the space, taking advantage of the high ceiling to generate a second bedroom area. The most notable aspect of the design is the "stairway-living room," which consists of several steps and landings that form a common area in front of a home entertainment system, like a little movie theater. A garden area and patio equipped with pizza oven and grill complete the program.

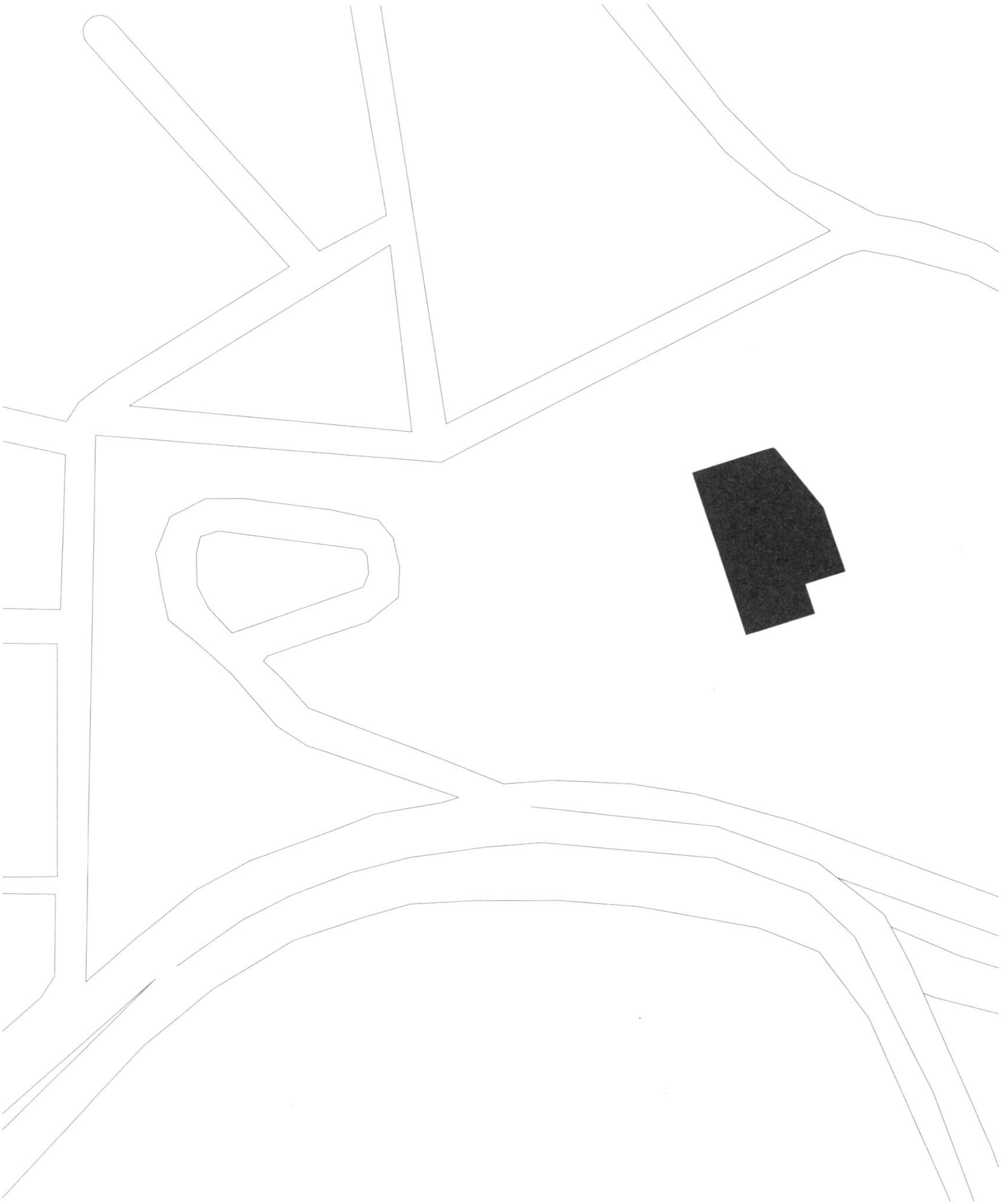

MAPA DE UBICACIÓN
LOCATION MAP

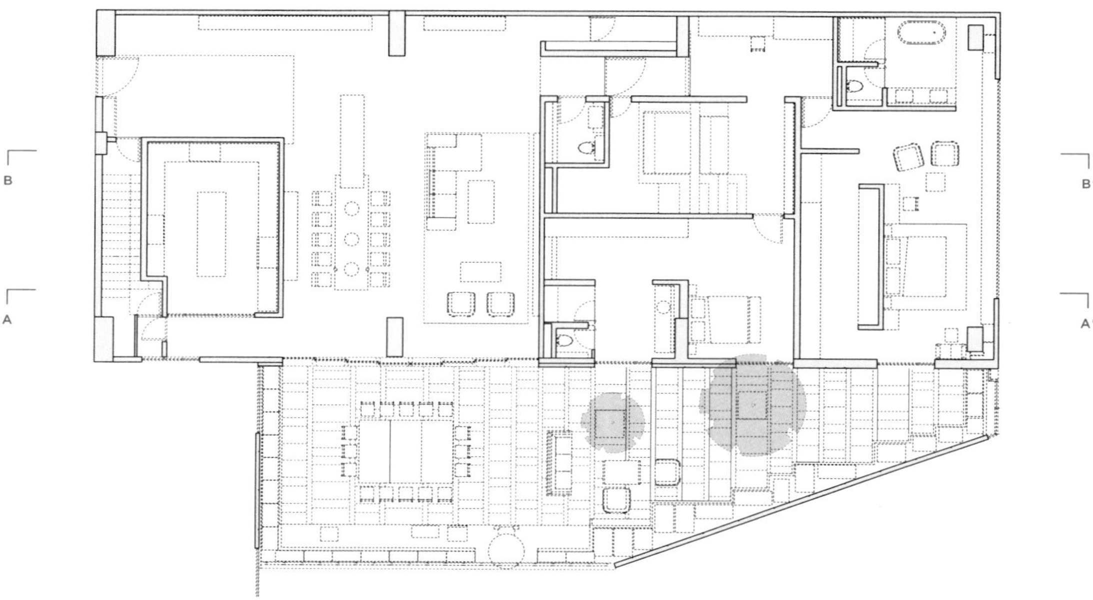

PLANTA BAJA
GROUND FLOOR PLAN

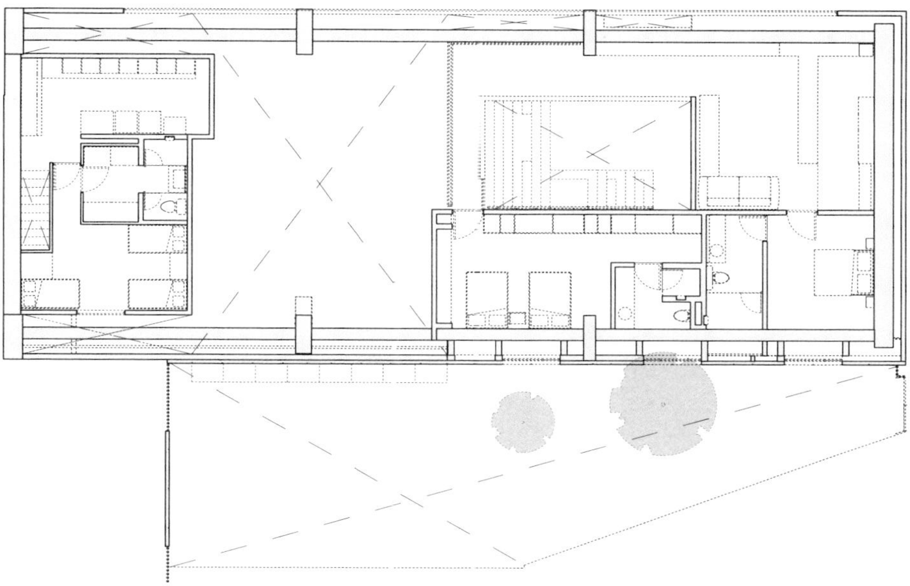

127

PLANTA ALTA

UPPER LEVEL PLAN

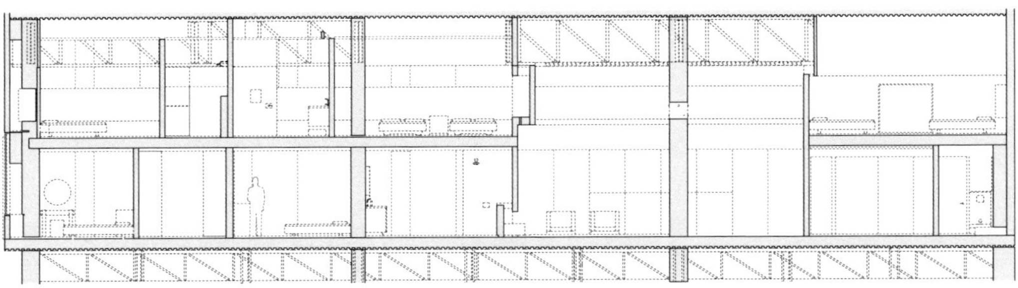

SECCIÓN LONGITUDINAL A

LONGITUDINAL SECTION A

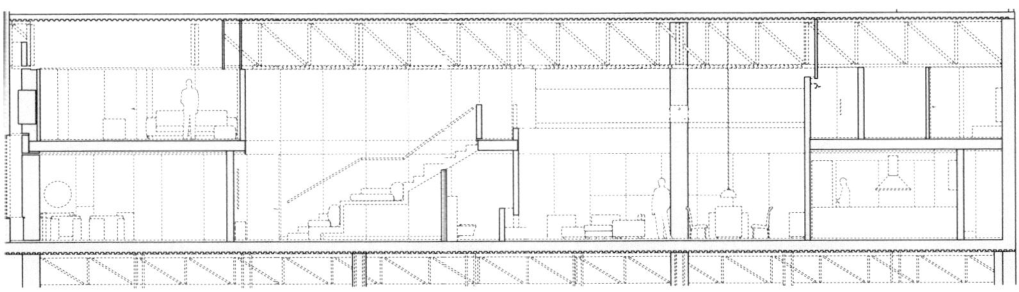

SECCIÓN LONGITUDINAL B
LONGITUDINAL SECTION B

UN CUARTO MÁS

Año Year: 2016

Área construida Constructed surface area: 9 m^2

Ubicación Location: Temixco, Morelos

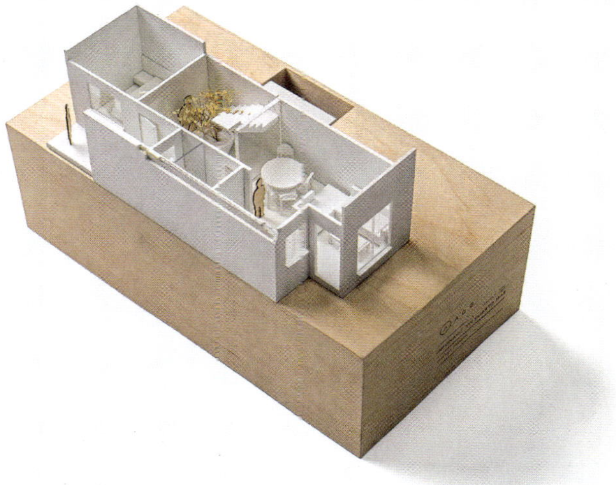

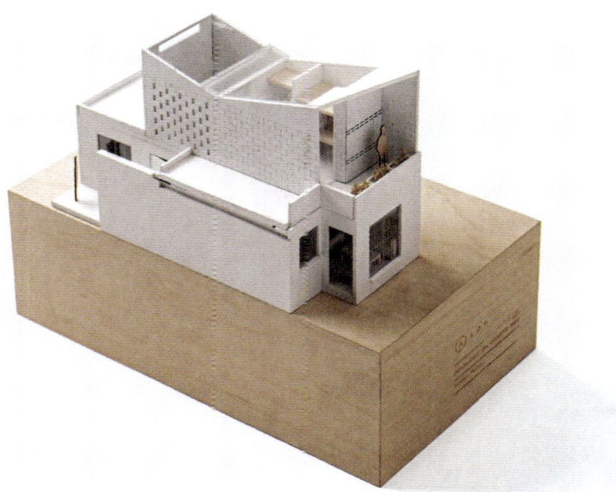

Con el propósito de abatir el hacinamiento en la vivienda, el Instituto del Fondo Nacional de la Vivienda para los Trabajadores (Infonavit) implementó la estrategia "Un Cuarto Más". El objetivo es aumentar la superficie habitable de las viviendas que cuentan con una sola habitación para elevar la calidad de vida de los trabajadores. Este prototipo considera la resistencia estructural con menor afectación a la vivienda existente, y mejora las condiciones urbanas del conjunto habitacional, añadiendo a las garantías de la vivienda original eficiencia energética, diseño y relación existente entre costos y aprovechamiento del espacio.

Esta adición funge como extensión natural de la vivienda, utilizando el sistema constructivo existente a base de blocks de concreto de forma aparente. La propuesta minimiza el uso de recursos materiales y expone la integridad del desempeño estructural. Los muros de blocks también son configurados de tal forma que funcionan como apoyos para elementos de madera o algún otro material para mobiliario, textura en la fachada y ritmo cuando se repiten varios módulos; ventilación e iluminación natural y módulos puerta-ventana-escalera.

El diseño de la cubierta invierte el techo convencional de dos aguas y permite canalizar las pendientes pluviales a una sola bajada existente que desemboca en el patio trasero logrando una alta eficiencia de trayectorias pluviales.

In an attempt to address the problem of overcrowding in low-cost housing, the Instituto del Fondo Nacional de la Vivienda para los Trabajadores (the Institute of the Workers' Housing Fund, known as Infonavit) implemented the "One More Room" strategy, whose aim is to increase the inhabitable surface areas of single-room dwellings and so improve workers' quality of life. This prototype employs a level of structural resistance designed to affect the existing dwelling as little as possible, while at the same time improves the urban conditions of the housing development of which it forms a part. It also maintains the advantages of the original dwelling, adding energy efficiency, design, and the existing relation between costs and use of space.

This addition functions as a natural extension of the original dwelling, using the existing constructive system based on exposed concrete blocks. The proposal minimizes the use of material resources and leaves the entire structural framework exposed. The block walls are configured in such a way that they can serve as supports for furnishings made of wood or other materials, while at the same time lending texture and rhythm (through the repetition of modules) to the façade and providing natural ventilation and light (through the door-windows-stairway modules).

The roof design is an inversion of the conventional pitched roof, allowing rainwater to be channeled to a single destination in the back patio and thereby making for greater efficiency in rainwater collection.

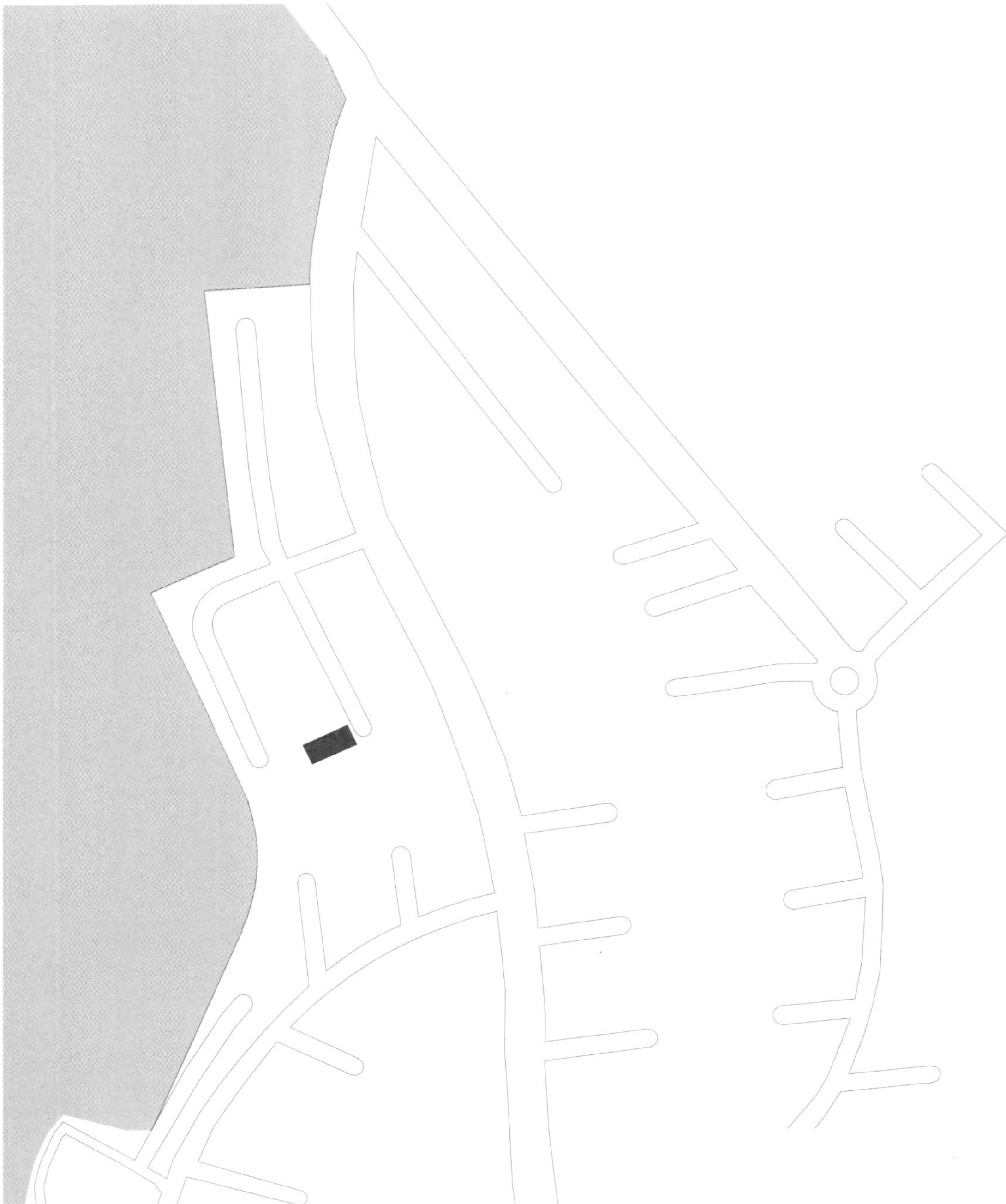

MAPA DE UBICACIÓN
LOCATION MAP

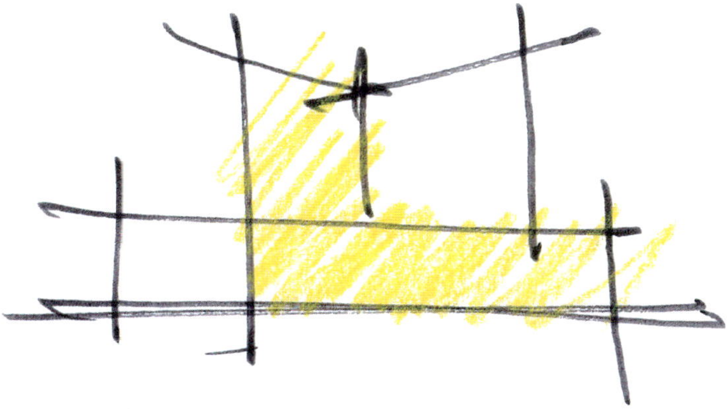

145

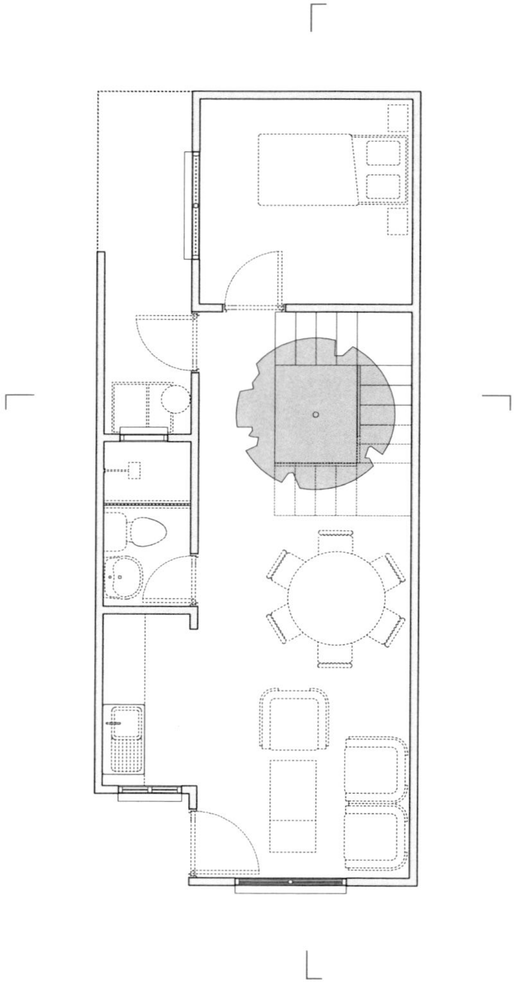

PLANTA BAJA
GROUND FLOOR PLAN

N 0 1 3

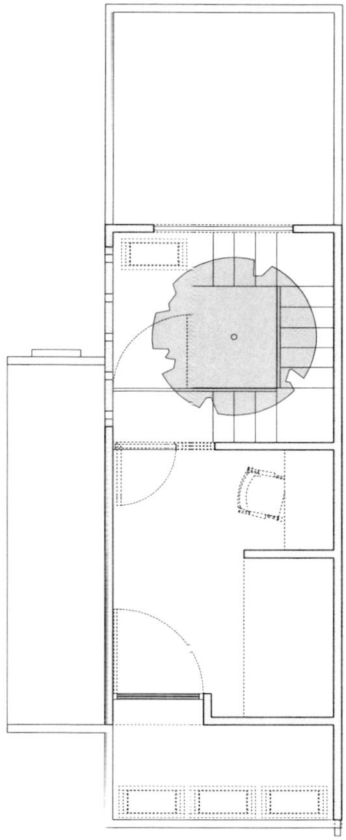

PLANTA ALTA

UPPER LEVEL PLAN

148

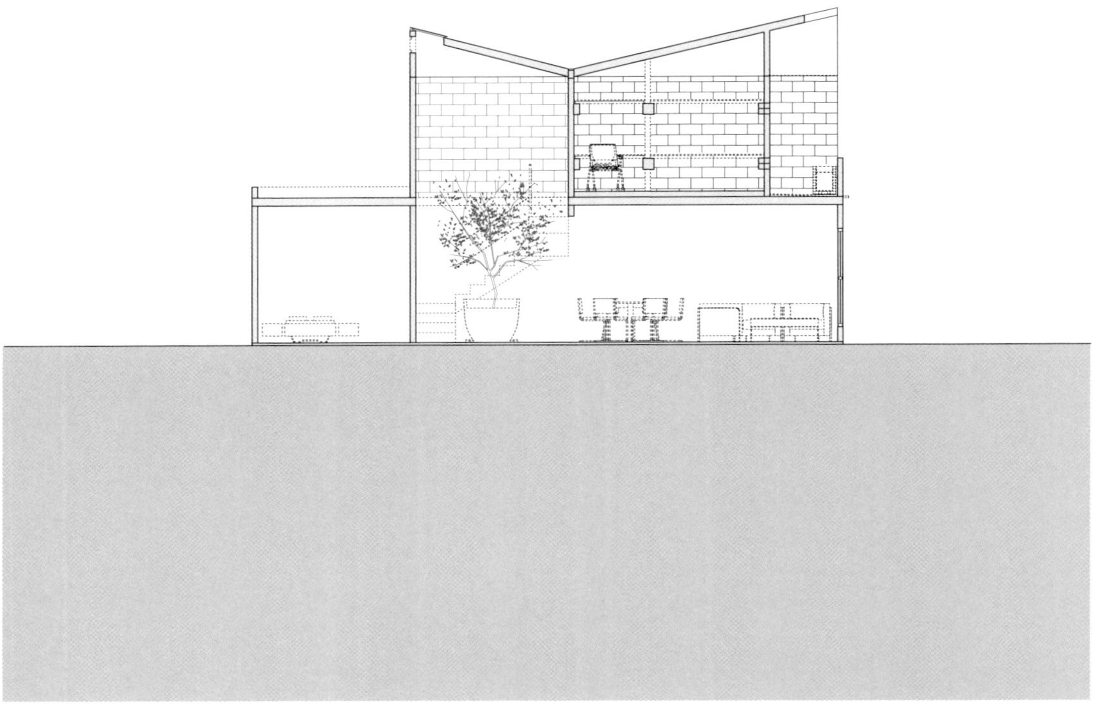

SECCIÓN LONGITUDINAL
LONGITUDINAL SECTION

0 1 3

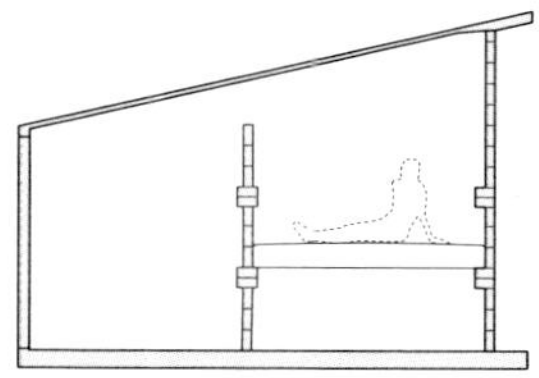

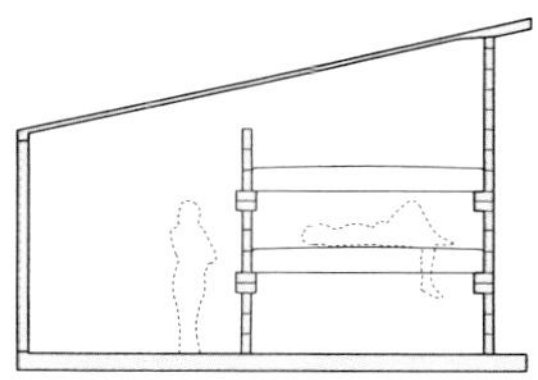

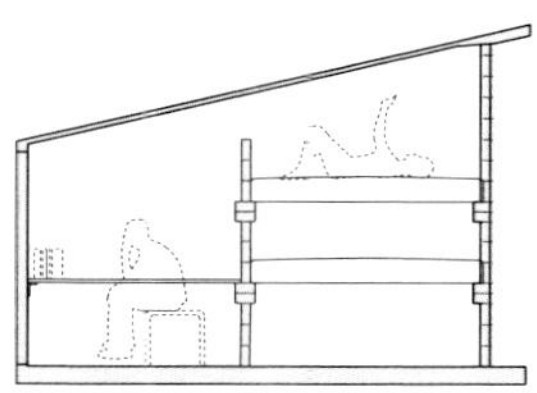

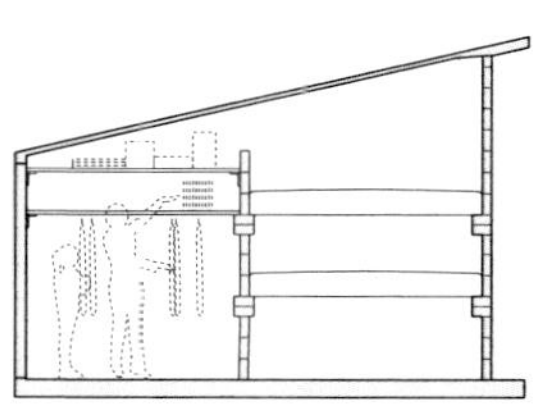

IV

LAS TENDENCIAS Y LAS MODAS SE OPONEN A LA PERDURABILIDAD: UNA CUALIDAD INHERENTE A LA ARQUITECTURA. UNA OBRA ARQUITECTÓNICA NO SÓLO DEBE ENVEJECER BIEN, SINO QUE DEBE ASPIRAR A MEJORAR CON LA PÁTINA DEL PASO DEL TIEMPO. LA BUENA ARQUITECTURA NO CADUCA. FRENTE AL EXTERIORISMO, LA INMEDIATEZ Y EL ESPECTÁCULO SE OPONEN LA SOBRIEDAD Y LA SERENA ATEMPORALIDAD. LO PERMANENTE DEBE CARECER DE ESTILO Y ALEJARSE DE LA SOBREVALORADA NOVEDAD CONSTANTE. PARA JOHN PAWSON, EL DISEÑO DEBE TRATAR DE LOGRAR UN PRESENTE QUE SATISFAGA EN EL PLANO FÍSICO, VISUAL Y PSICOLÓGICO, CREAR FORMAS PERPETUAMENTE INTERESANTES SIN ESTAR SUJETAS A LA MODA O AL PASO DEL TIEMPO.

ATEMPORALIDAD

IV

FASHIONS AND TRENDS ARE OPPOSED TO LASTINGNESS: A QUALITY INHERENT IN ARCHITECTURE. A WORK OF ARCHITECTURE MUST NOT ONLY AGE WELL, BUT ALSO ASPIRE TO IMPROVING, EVEN AS IT ACQUIRES THE PATINA OF AGE. GOOD ARCHITECTURE HAS NO EXPIRY DATE. IN OPPOSITION TO SHOWINESS, IMMEDIACY, AND SPECTACLE STAND SOBRIETY AND SERENE TIMELESSNESS. WHAT IS PERMANENT HAS NO PARTICULAR STYLE, FAR REMOVED FROM THE CONTINUAL SUCCESSION OF OVERRATED NOVELTIES. FOR JOHN PAWSON, DESIGN SEEKS TO ACHIEVE A PRESENT THAT SATISFIES ON A PHYSICAL, VISUAL, AND PSYCHOLOGICAL LEVEL, CREATING PERPETUALLY INTERESTING FORMS WITHOUT SUCCUMBING TO FASHIONS OR THE PASSAGE OF TIME.

TIMELESSNESS

TERMINAL 1

Año Year: 2017
Área construida Constructed surface area: 5,560 m^2
Ubicación Location: Ciudad de México

160

El edificio Terminal 1 está ubicado sobre dos calles perpendiculares de la colonia Roma. Una construcción catalogada ocupa la esquina. Este edificio tiene tres niveles subterráneos de estacionamiento, una planta baja abierta con locales comerciales, gimnasio y cafetería, y cinco niveles de oficinas. Las fachadas sobre ambas calles son muy distintas. Una, orientada al sur, se compone de ventanales regulares y profundos sobre una fachada de travertino que se extiende al vestíbulo y escalera interior. En cambio la otra, orientada al poniente, es de cancelería de aluminio y vidrio, conformando un volumen que flota sobre el basamento.

The Terminal 1 building is located at the intersection of two streets perpendicular to one another in the Roma neighborhood of Mexico City. A building catalogued as a heritage site also occupies the corner. The building has three levels of underground parking, an open ground floor with commercial spaces, a gymnasium, and a café, and five floors of offices. The two façades on the two streets are very different from one another. One of them faces south and consists of large, deep windows, spaced regularly and let into the Travertine marble that extends as far as the lobby and interior stairway. The other, which faces west, is a frame of aluminum and glass for a volume that seems to float above the base structure.

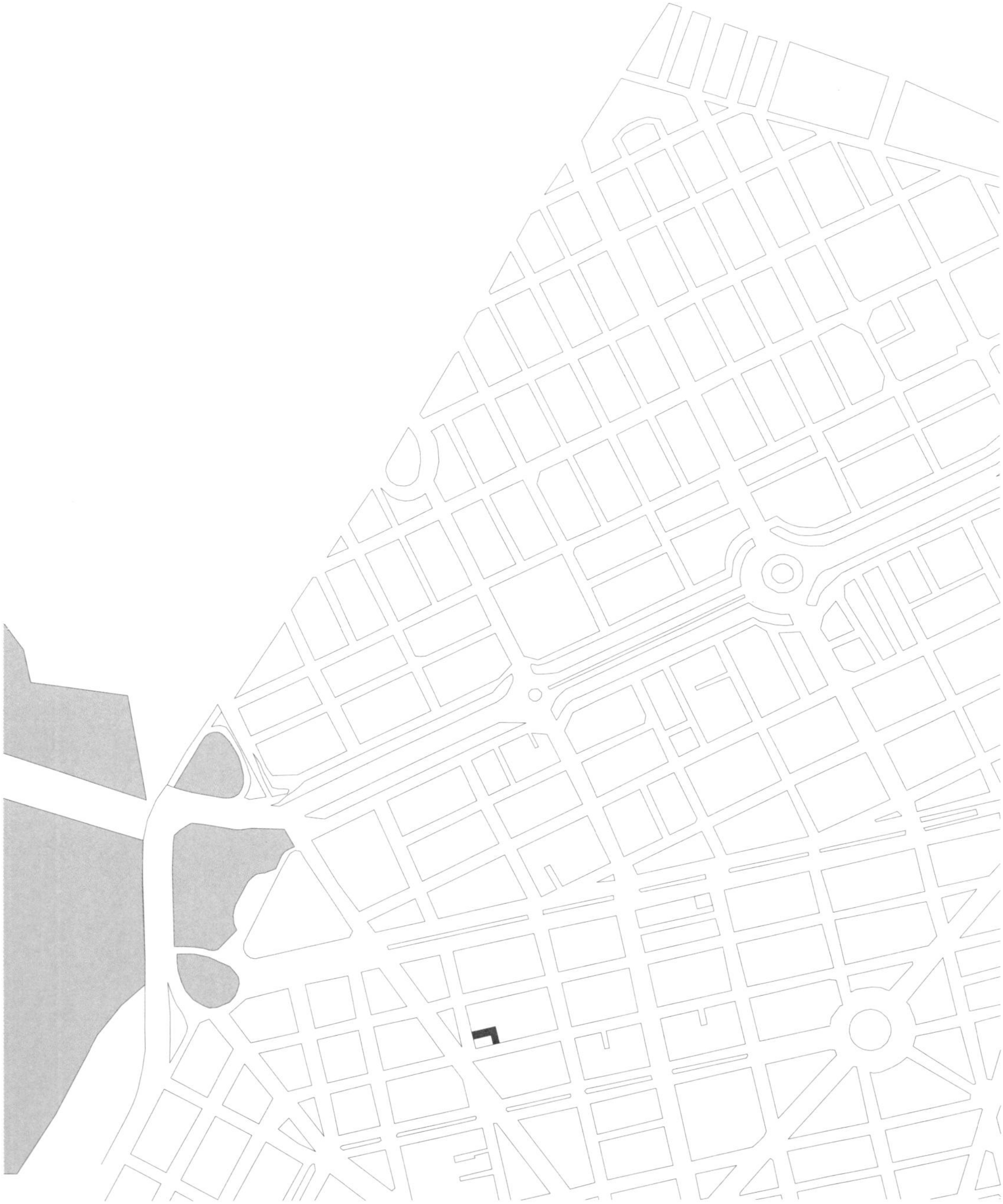

MAPA DE UBICACIÓN
LOCATION MAP

N | 0 | 100 | 500 |

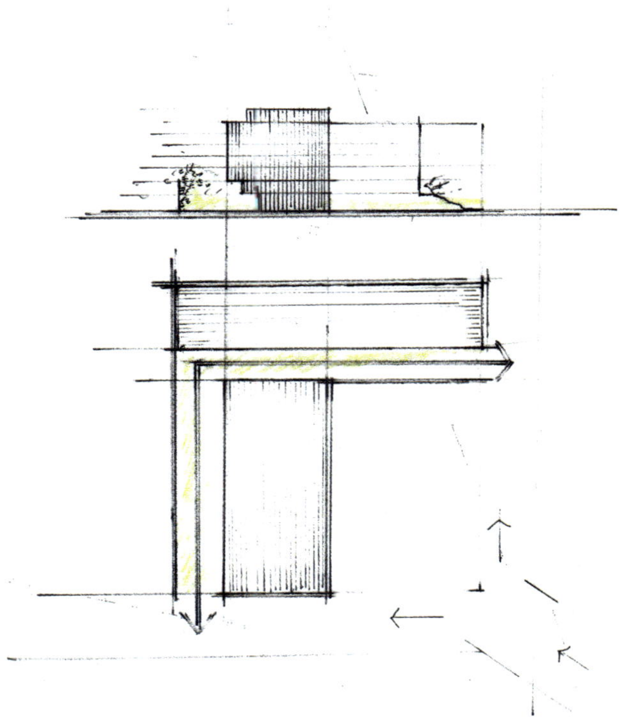

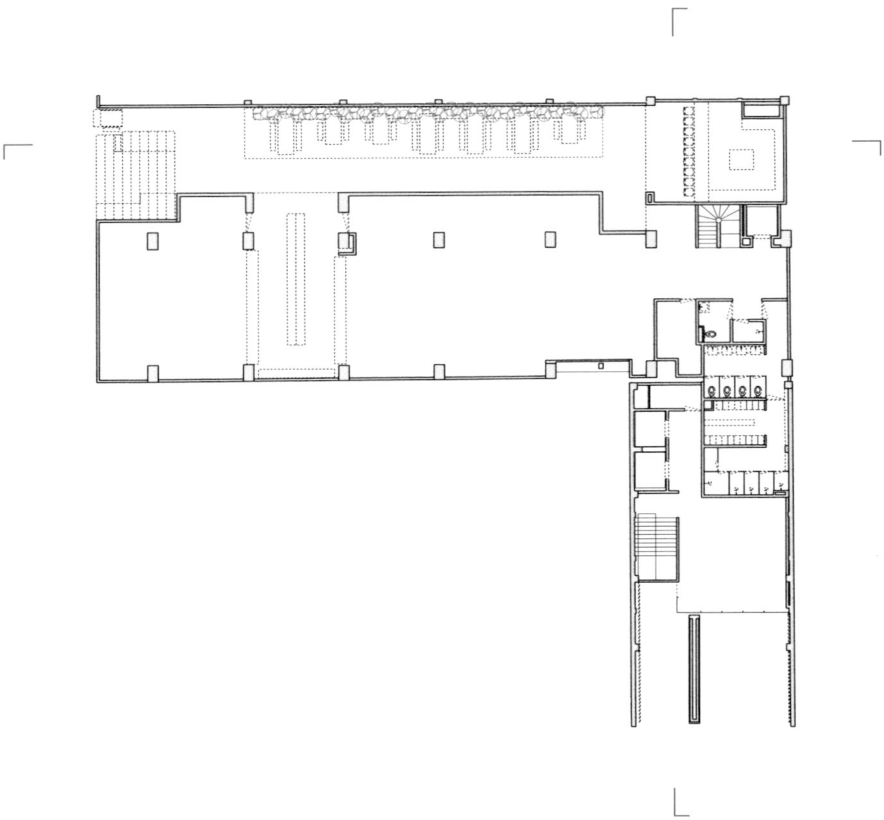

PLANTA BAJA
GROUND FLOOR PLAN

N 0 2 10

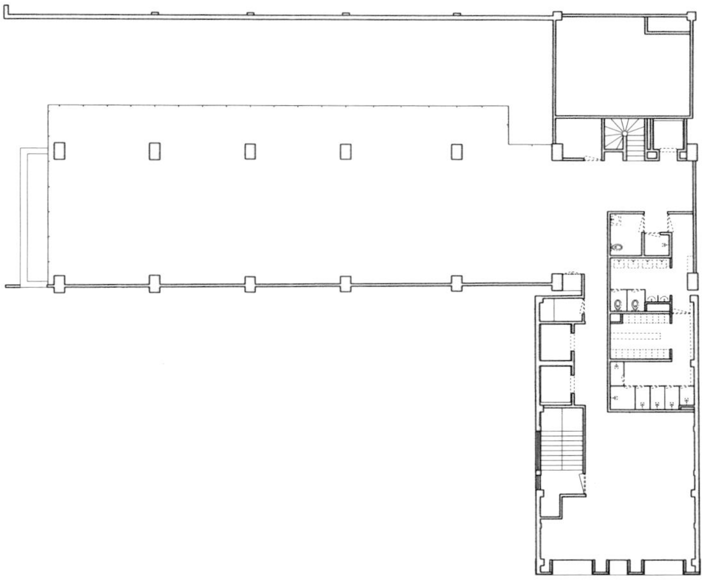

167

PLANTA MEZZANINE
MEZZANINE PLAN

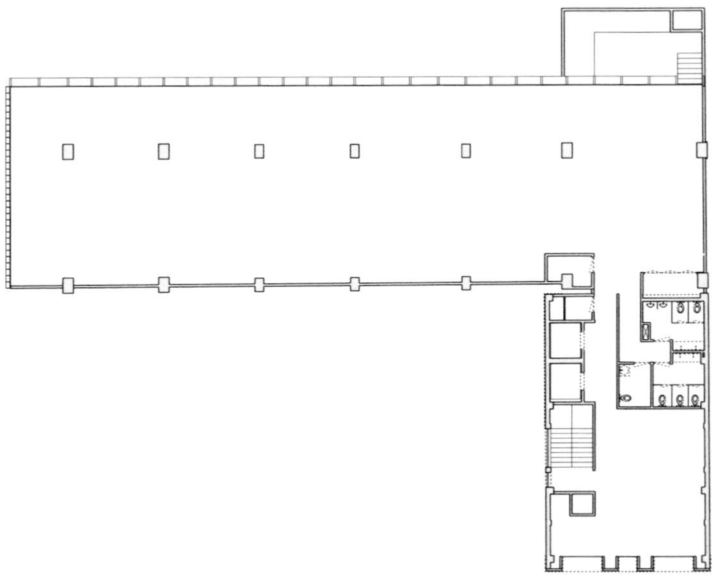

PLANTA TIPO
TYPICAL PLAN

N 0 2 10

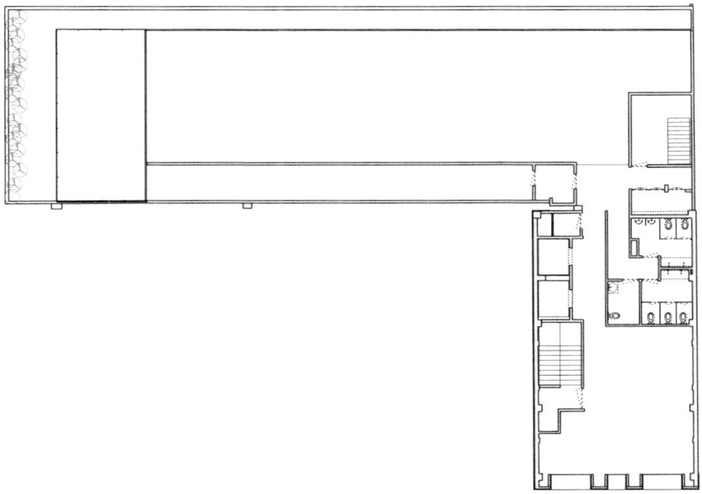

PLANTA AZOTEA
ROOFTOP PLAN

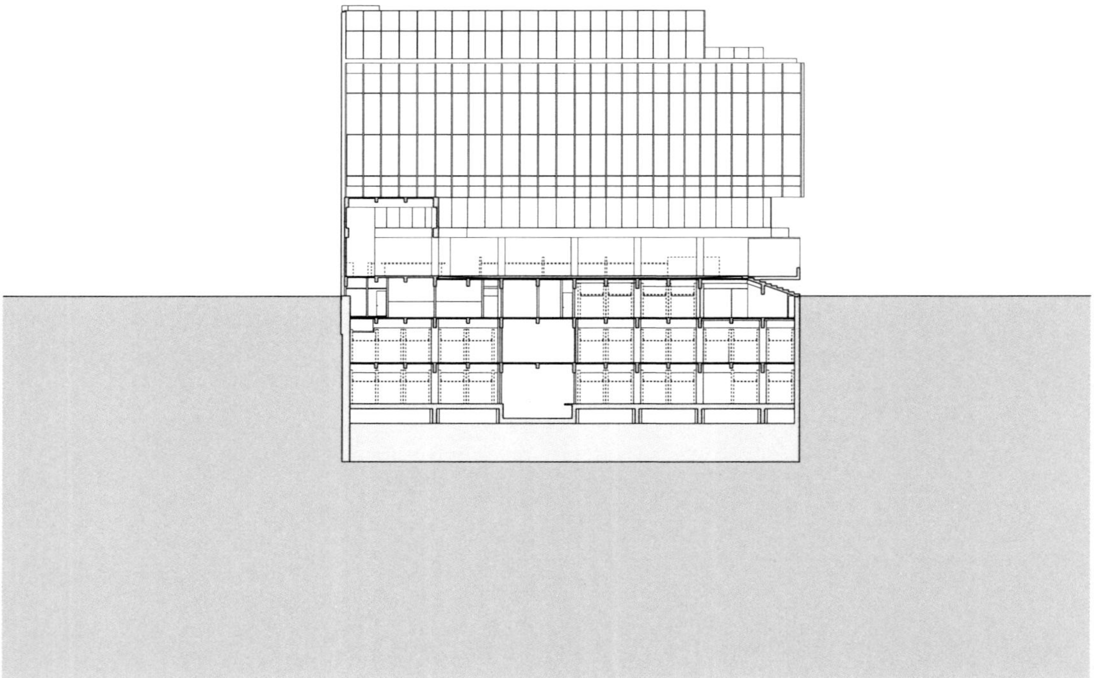

SECCIÓN LONGITUDINAL
LONGITUDINAL SECTION

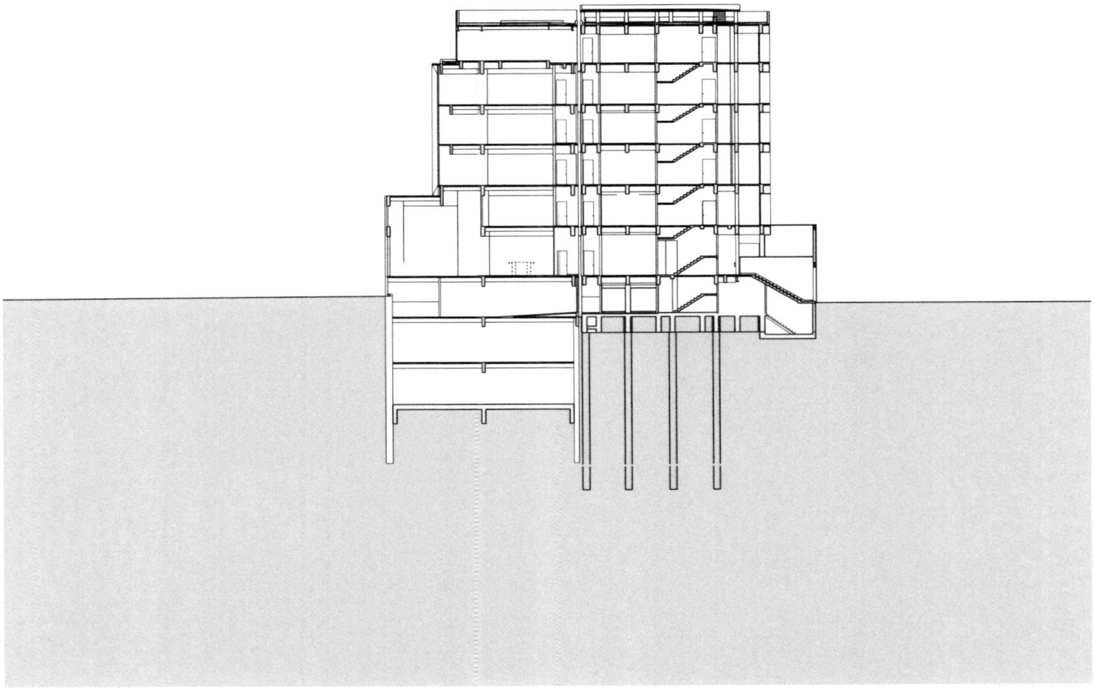

SECCIÓN TRANSVERSAL

TRANSVERSAL SECTION

174

Sinaloa
195

Sicio

TERMINAL 1

ZACATECAS 3

Año Year: 2019

Área construida Constructed surface area: 4,695 m²

Ubicación Location: Ciudad de México

ZACATECAS

Un edificio de apartamentos se ubica en la esquina de Av. Cuauhtémoc y la calle Zacatecas. El volumen se esculpe de acuerdo a la jerarquía urbana sobre Cuauhtémoc. Tiene ocho niveles que se reducen para diluirse hasta el nivel de las casas de la colonia Roma sobre la calle de Zacatecas. Se compone de 46 estudios con opción a dos recámaras que se desplantan sobre un basamento ajardinado de 1.80 m. Sobre la banqueta el vestíbulo del edificio está iluminado centralmente a través de un cubo de 20 m de altura. El edificio cuenta con dos sótanos de estacionamiento y una azotea ajardinada para uso común.

This apartment building is located at the intersection of Avenida Cuauhtémoc and Calle de Zacatecas. The volume has been sculpted to fit in with the existing urban hierarchy along Avenida Cuauhtémoc. Its eight levels make it still low enough to blend in with the houses of the Roma neighborhood on Zacatecas. The building contains 46 studio apartments (with the option of one or two bedrooms) and rests on a base volume with greenery that rises 1.8 meters above street level. The lobby of the building is illuminated by a skylight let into a central shaft twenty meters tall. The building has two levels of underground parking and a rooftop garden shared by all residents.

190

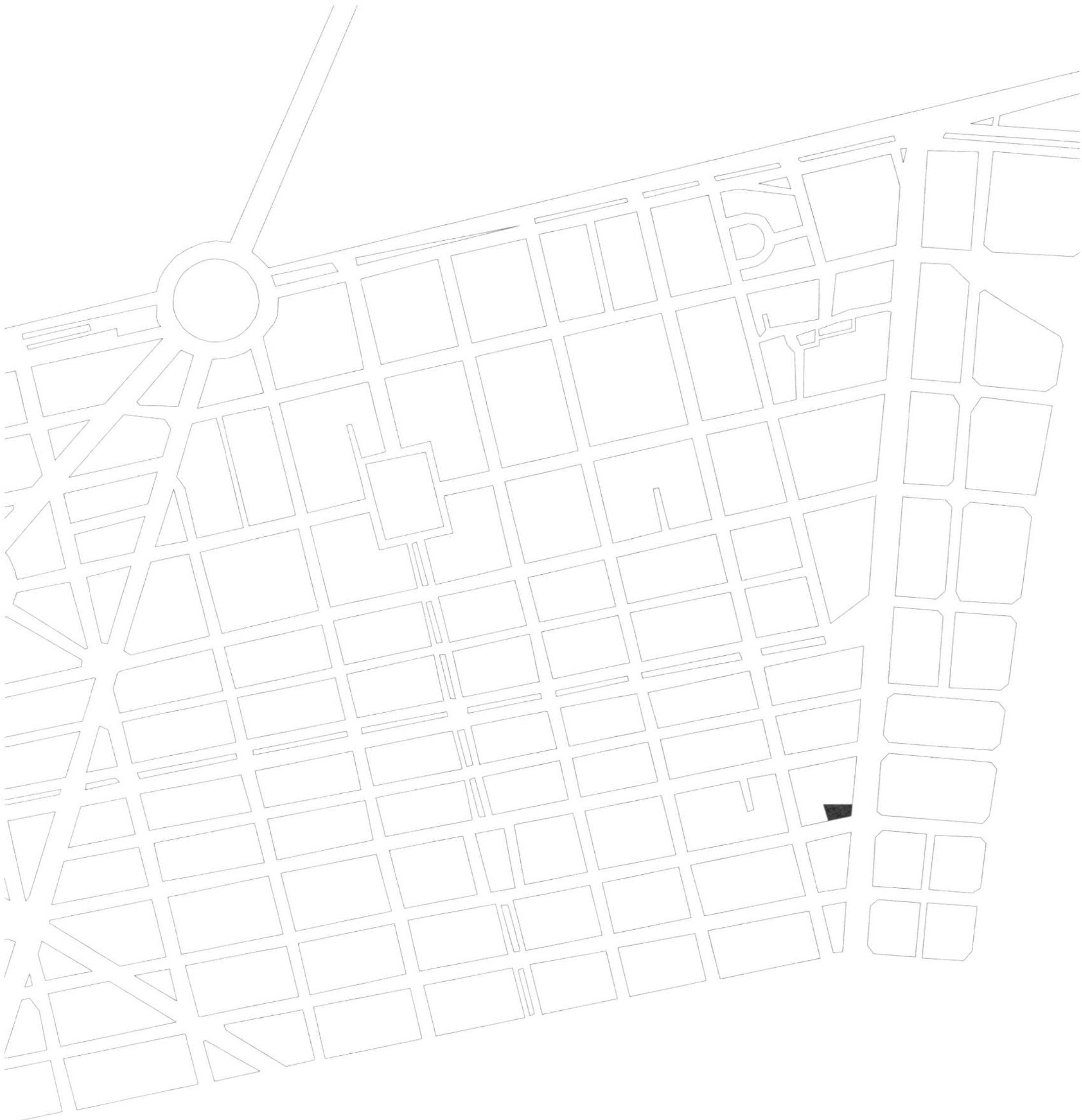

MAPA DE UBICACIÓN
LOCATION MAP

N 0 100 500

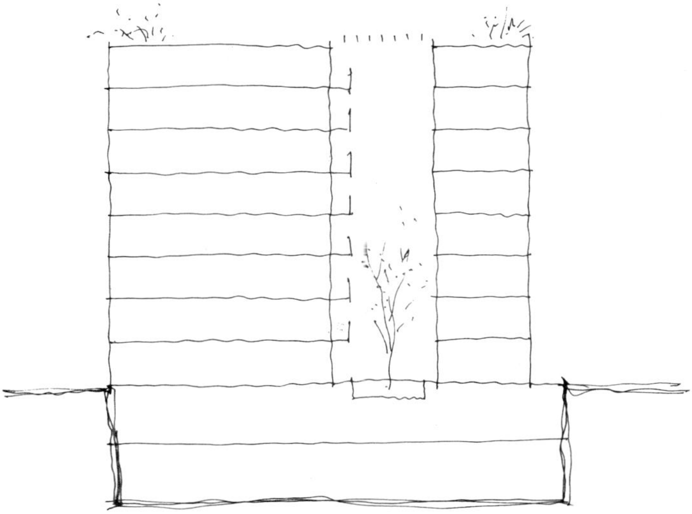

191

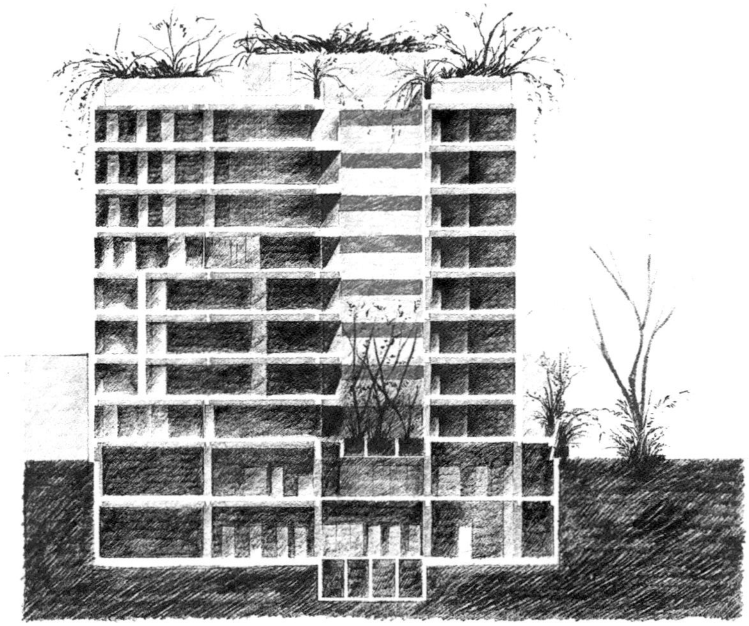

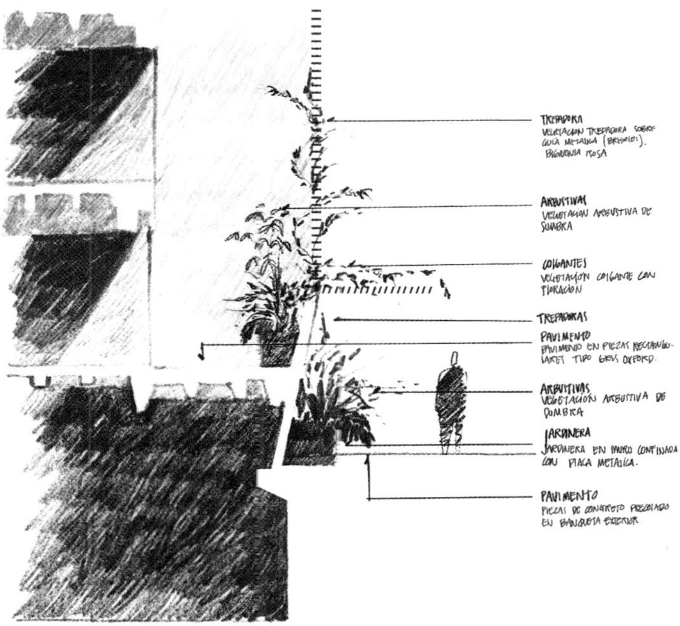

APUNTE EN SECCIÓN DE FACHADA

194

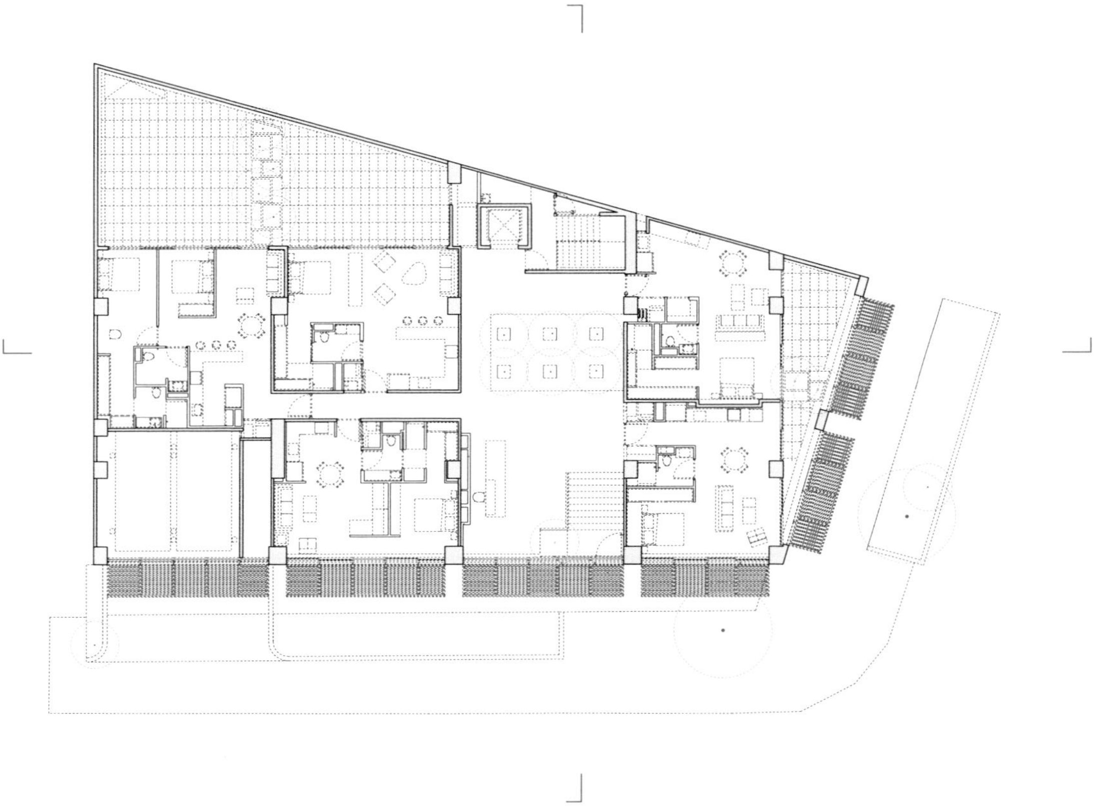

PLANTA BAJA

GROUND FLOOR PLAN

N 0 2 10

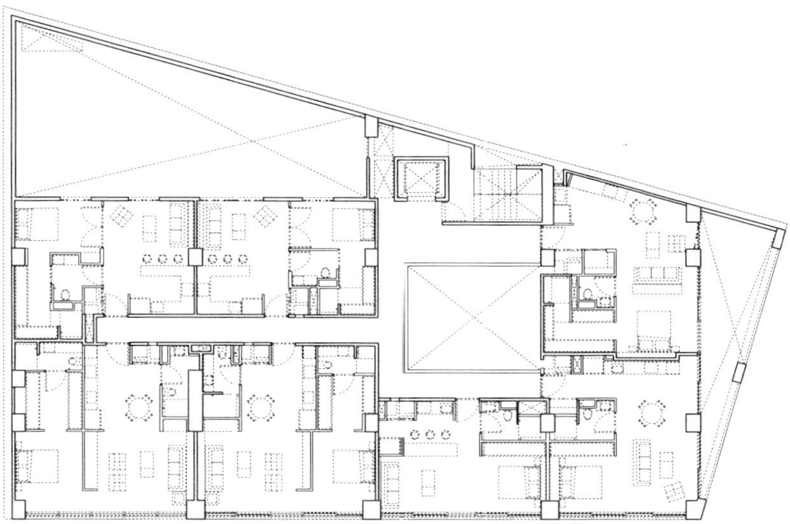

195

PLANTA NIVEL 2
LEVEL 2 PLAN

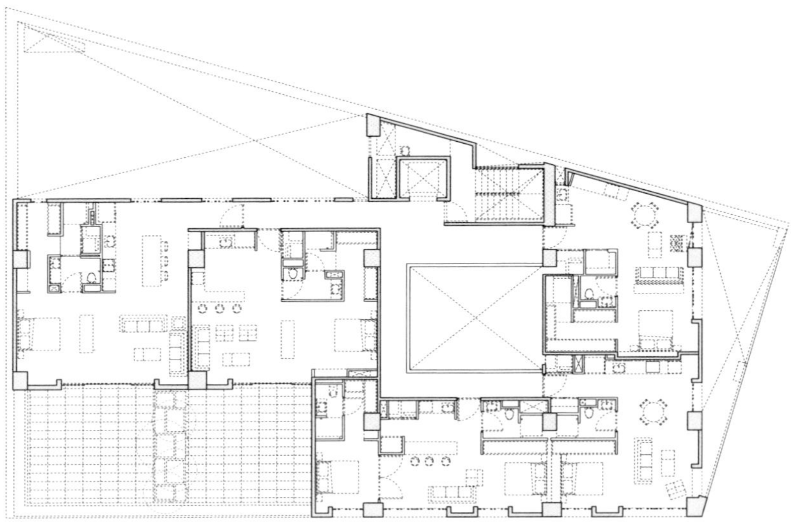

PLANTA NIVEL 5

LEVEL 5 PLAN

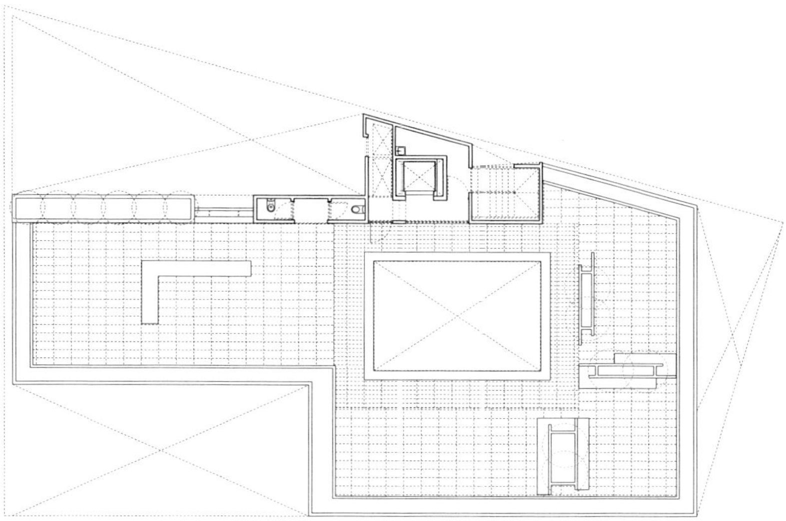

ROOF GARDEN

ROOF GARDEN PLAN

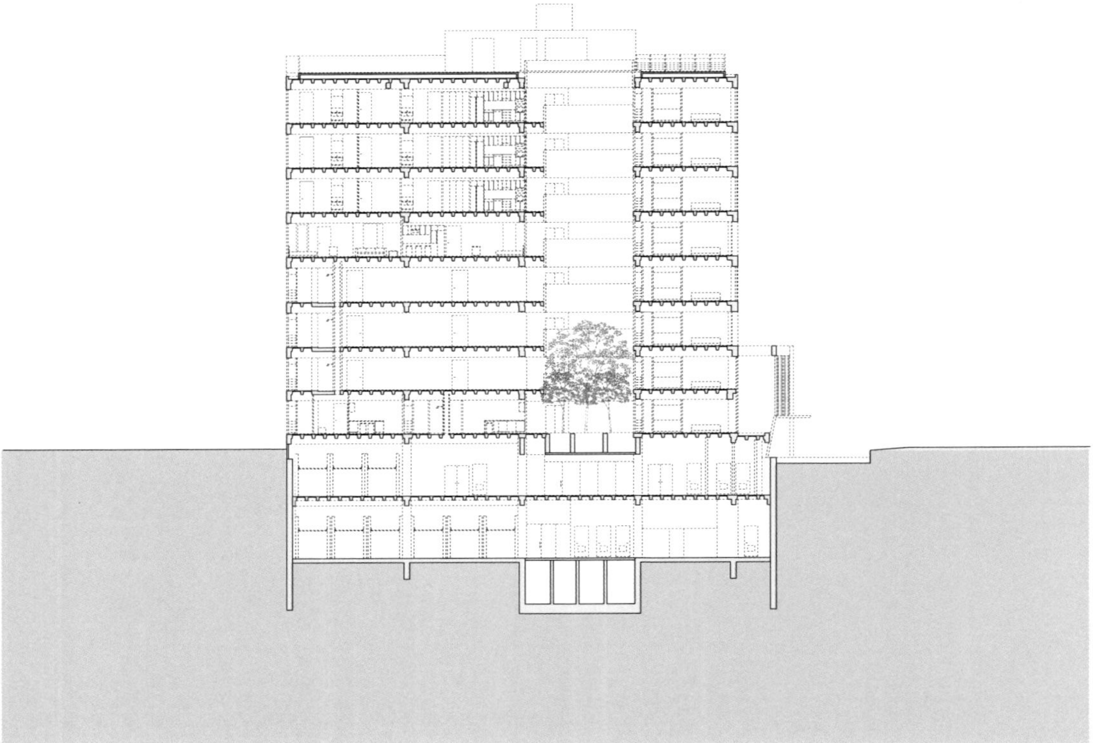

SECCIÓN LONGITUDINAL
LONGITUDINAL SECTION

0 2 10

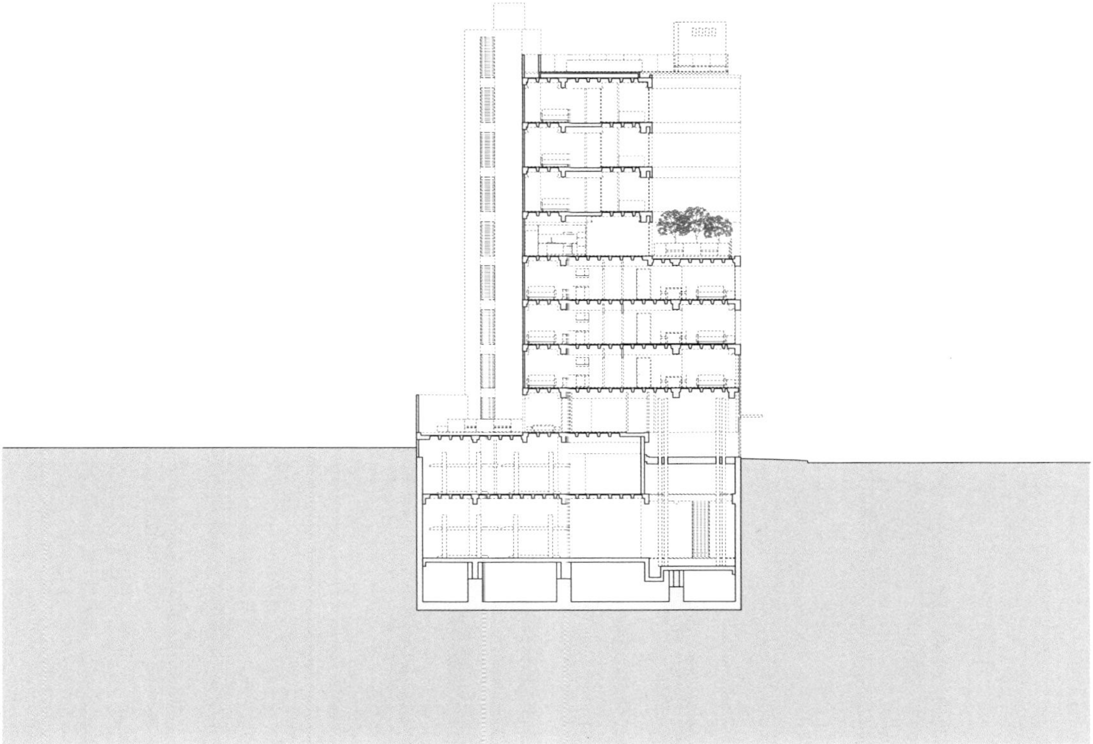

SECCIÓN TRANSVERSAL
TRANSVERSAL SECTION

ZACATECAS
COL. ROMA NORTE DEL CUAUHTEMOC

204

V

LA IDEA ZEN DE NEUTRALIDAD PUEDE INTERPRETARSE COMO EL EQUILIBRIO ENTRE LAS PARTES, EL BALANCE QUE ECUALIZA VOLÚMENES, MATERIALES, TONOS CROMÁTICOS Y LUCES. EL BALANCE COMO PRÁCTICA ES UN CAMINO ARDUO QUE SE REFLEJA EN LA VIDA PERSONAL, EN EL CONSUMO Y LOS PRESUPUESTOS, EN LA RELACIÓN ENTRE OBLIGACIONES Y AFECTOS. EL EQUILIBRIO ES TAMBIÉN UN ACTO DE PRECISIÓN: QUE NO FALTE NADA PERO QUE NO SOBRE. EL BALANCE EN LA ARQUITECTURA ES TAMBIÉN UN SÍNTOMA DE BUEN GUSTO, LO QUE LOS SUECOS HAN DENOMINADO *LAGOM,* UN CONCEPTO QUE PUEDE TRADUCIRSE COMO LO EXACTO QUE COMPLACE.

EQUILIBRIO

V

THE ZEN IDEA OF NEUTRALITY MAY BE INTERPRETED AS A BALANCE AMONG PARTS, A BALANCE THAT COUNTERPOISES VOLUMES, MATERIALS, CHROMATIC TONES, AND LIGHT. THE PRACTICE OF BALANCE IS A DIFFICULT PATH, REFLECTED EVEN IN ONE'S PERSONAL LIFE, IN ONE'S CONSUMPTION AND BUDGETING, IN THE RELATION BETWEEN OBLIGATIONS AND AFFECTIONS. BALANCE IS ALSO AN ACT OF PRECISION: NOTHING MISSING AND NOTHING LEFT OVER. AND BALANCE IN ARCHITECTURE IS A SIGN OF GOOD TASTE, OF WHAT IN SWEDISH IS CALLED *LAGOM,* A NOTION THAT MIGHT BE TRANSLATED AS "JUST ENOUGH (TO PLEASE)."

BALANCE

BUNA / SARTORIA

Año Year: 2017

Área construida Constructed surface area: 100 m^2

Ubicación Location: Ciudad de México

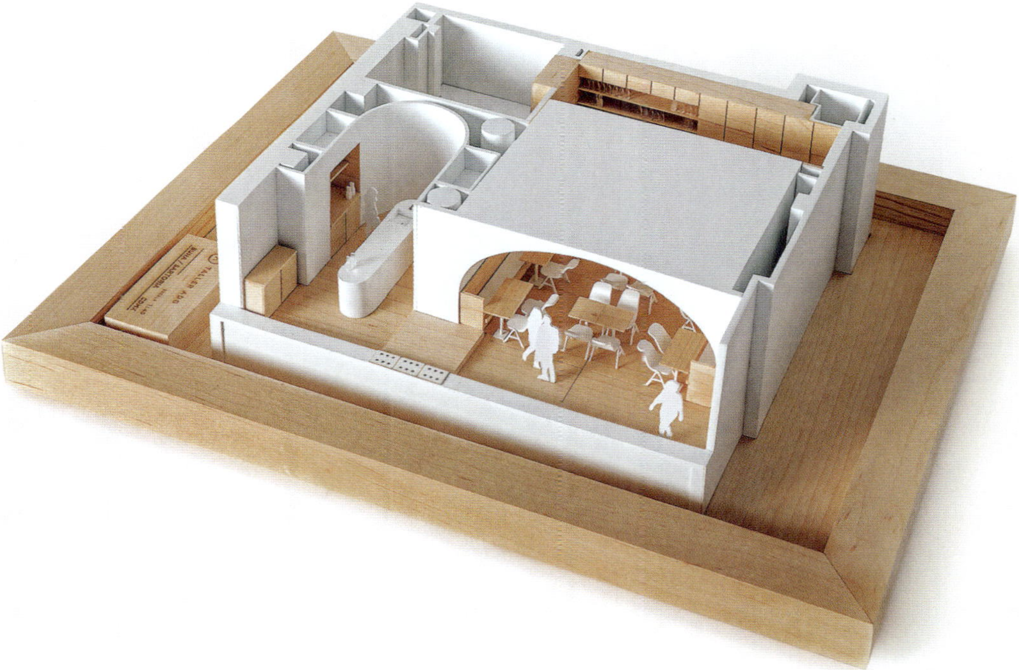

Este proyecto soluciona dos locales contiguos, diferenciados, pero que comparten acceso, vestíbulo, terraza y servicios. Buna es una cafetería y Sartoria es un restaurante italiano del chef Marco Carboni. Una bóveda cubre el comedor y alude a la calidez de las antiguas *trattorias* italianas. En Buna se soluciona acostando esta bóveda convertida en un muro curvo que da amplitud a un espacio tan pequeño.

La bóveda de Sartoria cubre el área para 25 comensales con dos bancas laterales de madera. Bajo la ventana de la fachada, hay una barra de concreto cubierta por una plancha de mármol que ofrece espacio para cinco comensales. Al fondo a la derecha se ubica el baño. El lavamanos se ubica fuera de ese cuarto en una barra similar a la de preparación. La cocina queda al lado izquierdo del local, por el pasillo que se forma entre la barra del chef y la contrabarra.

El espacio de Buna se caracteriza por su barra central de 3.28 m de largo: una pieza de concreto enduelado con una cubierta de mármol con bordes bien curvados permite una circulación perimetral. Sobre este mueble se tiene la principal fuente de iluminación: una estructura tubular metálica negra, suspendida del techo.

This project consists of two different but adjoining spaces, which share a common entrance, lobby, terrace, and services. Buna is a café and Sartoria is an Italian restaurant run by chef Marco Carboni. The dining area is covered by a vault, evoking the cozy atmosphere of traditional Italian trattorias. In the case of Buna, the vault structure is turned on end, transformed into a curved wall that gives added volume to a rather cramped space.

The vault in Sartoria covers the dining area, which has capacity for twenty-five persons on two lateral wooden benches. Under the window of the façade, there is a concrete bar topped with marble, which offers space for five more diners. The restroom is located at the back, to the right. The sink is located outside, on a counter similar to that of the food preparation counter. The kitchen is on the left side of the space, reached by the passageway formed by the chef's counter and the one facing it.

The space of Buna is characterized by the central bar, 3.28 meters in length: a piece of concrete lined with hardwood and topped with marble, with curved edges that allow for easy circulation around it. The main source of light is above this element: a black metal tubular structure hanging from the ceiling.

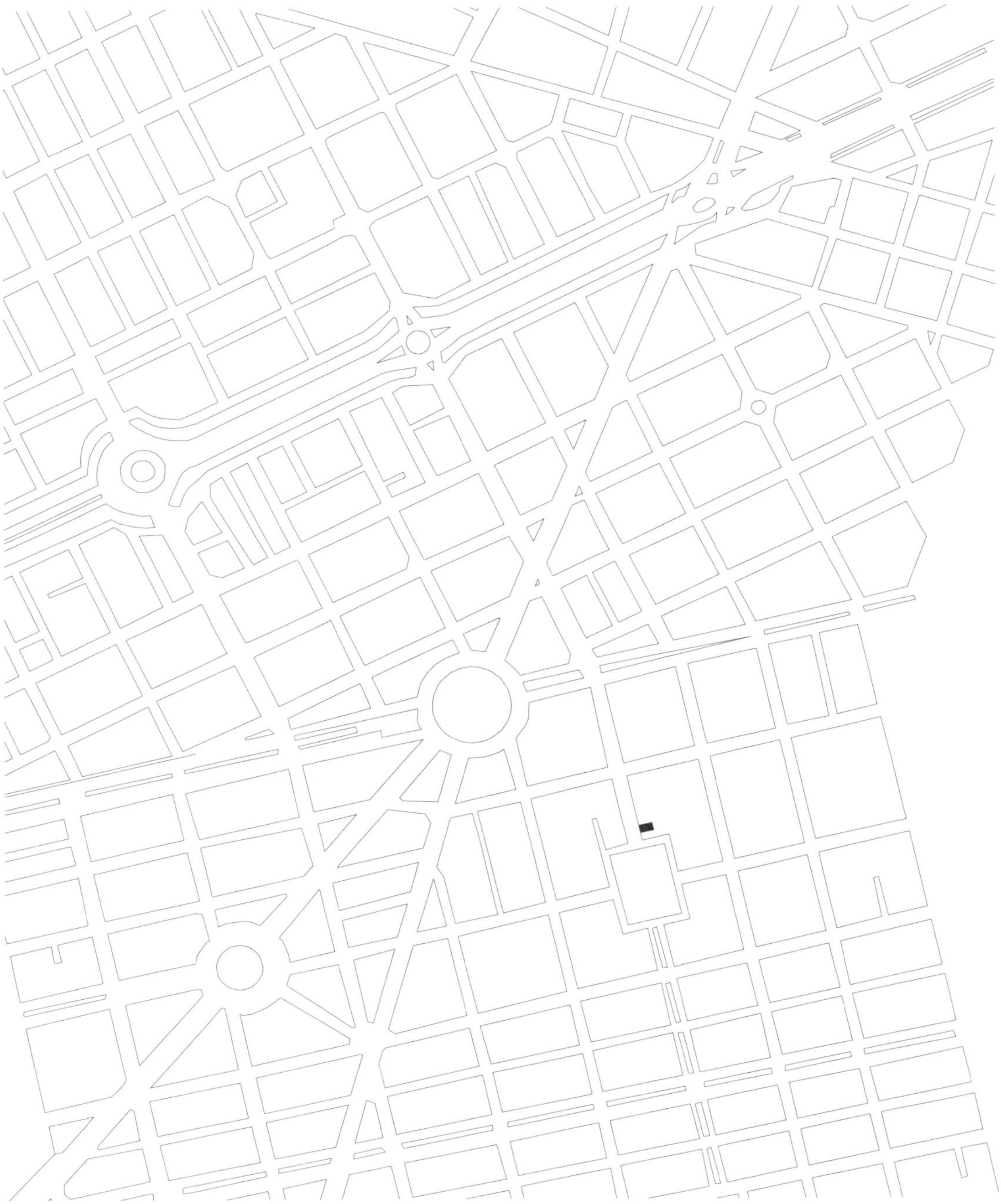

MAPA DE UBICACIÓN
LOCATION MAP

N | 0 | 100 | 500

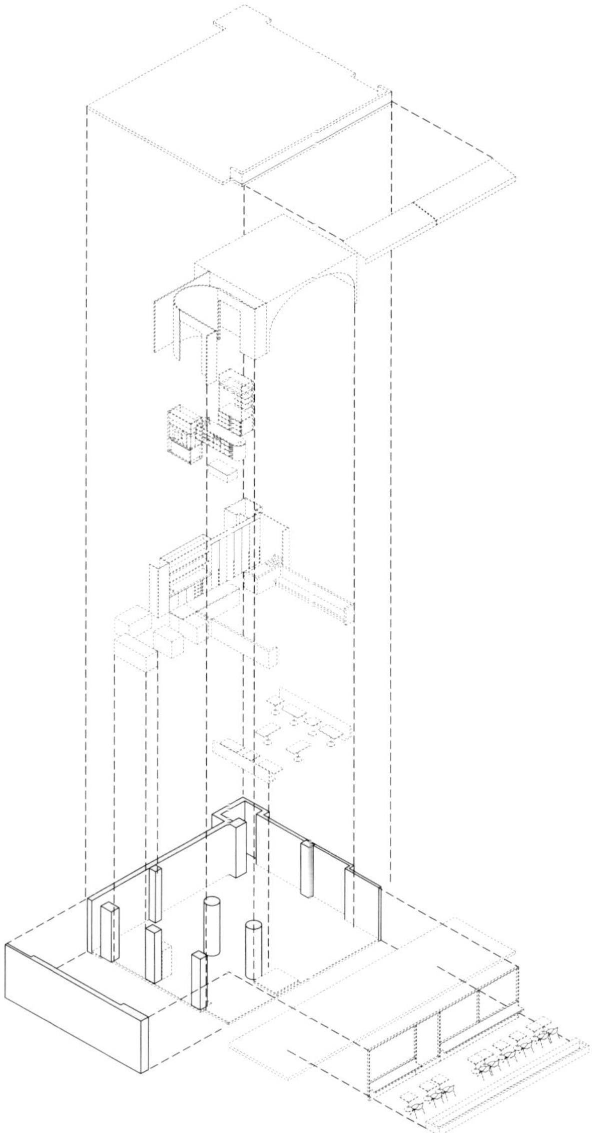

AXONOMÉTRICO EXPLOTADO
AXONOMETRIC PROJECTION

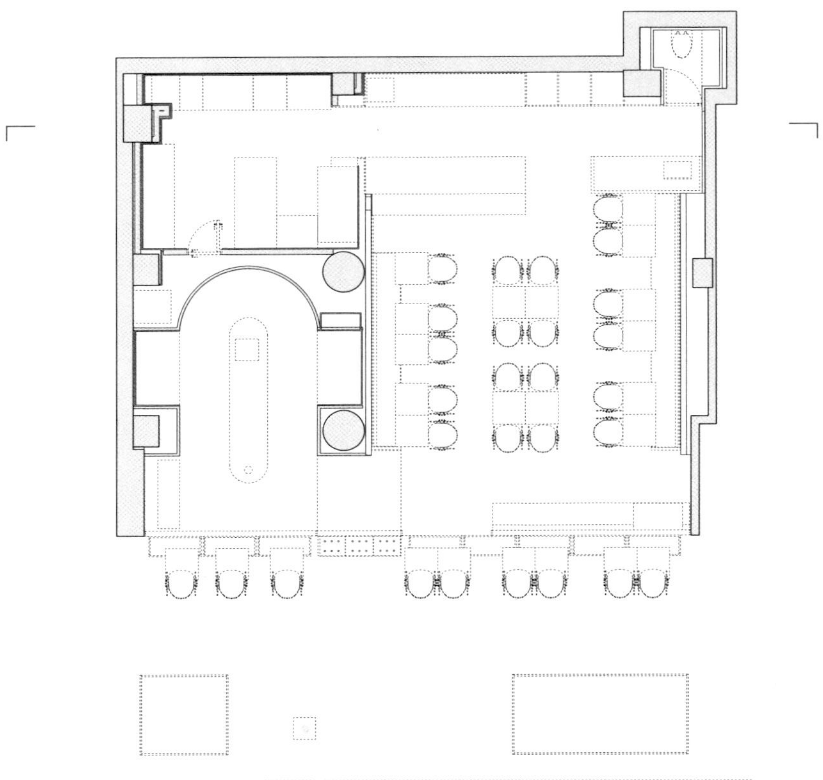

PLANTA

FLOOR PLAN

SECCIÓN TRANSVERSAL
TRANSVERSAL SECTION

218

SARTORIA
café rico.
espresso
americano $40
cappuccino $40
latte $40
extraccion fria $40
cafechata $50
carajillo $50
$100
cacao rico.
chocolate con agua $50
chocolate con leche $50
rico
infusión del huerto $50

BUNA
café rico

224

VI

LA BELLEZA ES UN DERECHO INALIENABLE DE LA HUMANIDAD QUE HAY QUE INVOCAR INDIRECTAMENTE. ES UNA ASPIRACIÓN SIEMPRE INTANGIBLE QUE FORMA PARTE DE LA TERNA VITRUVIANA *"UTILITAS, VENUSTAS* Y *FIRMITAS"* (UTILIDAD, BELLEZA Y FIRMEZA). SI LA UTILIDAD TIENE QUE VER CON LA FUNCIÓN Y EL PROGRAMA Y LA FIRMEZA CON LA SOLIDEZ Y DURABILIDAD, LA BELLEZA DEBE SATISFACER LA PERCEPCIÓN SENSORIAL. PARA VITRUVIO DEBÍA EXISTIR UN EQUILIBRIO DE ESTOS TRES ELEMENTOS Y NINGUNO DEBERÍA SOBREPASAR A LOS OTROS DOS. A TRAVÉS DE LA BELLEZA LA ARQUITECTURA DEBE APELAR A LA EMOCIÓN Y AL PLACER DE LOS SENTIDOS.

BELLEZA

VI

BEAUTY IS AN INALIENABLE RIGHT OF HUMANKIND, WHICH IS NECESSARY TO INVOKE INDIRECTLY. IT IS AN EVER INTANGIBLE ASPIRATION THAT FORMS PART OF THE VITRUVIAN TRIAD OF *UTILITAS*, *VENUSTAS*, *FIRMITAS* (UTILITY, BEAUTY, STABILITY). WHILE UTILITY HAS TO DO WITH FUNCTION AND PROGRAM, AND STABILITY WITH SOLIDITY AND DURABILITY, BEAUTY MUST SATISFY OUR SENSE PERCEPTIONS. FOR VITRUVIUS, THERE MUST BE A BALANCE OF THESE THREE ELEMENTS, NO ONE OF THEM OUTWEIGHING THE OTHER TWO. THROUGH BEAUTY, ARCHITECTURE APPEALS TO OUR EMOTIONS AND THE PLEASURES OF THE SENSES.

BEAUTY

CASAS ÍZAR

Año Year: 2019

Área construida Constructed surface area: 1,560 m^2 **cada una** each

Ubicación Location: Valle de Bravo, Estado de México

Dos casas gemelas de dos niveles logran una excepcional eficiencia energética, gracias al aprovechamiento de luz natural y la captación del agua de lluvia. Se ubican en dos predios contiguos con mucha pendiente. En el interior, las áreas privadas ocupan el nivel inferior y las sociales el superior. Un cubo de luz cruza ambas plantas. Estas casas conforman un corredor biológico donde se fortalece la diversidad de especies y la salud ambiental. Las áreas de servicio y estacionamiento, así como la plaza de acceso, juegos infantiles, bosque comestible y cancha de fútbol se ubican en zonas aledañas dentro de los respectivos terrenos.

These twin two-storey houses enjoy exceptional energy efficiency, thanks to the use of natural light and the collection of rainwater. They are located on steeply sloping adjacent lots. The private areas are on the lower level and the common areas on the upper level, with a skylight running through both levels. The houses form an ecological corridor where species diversity and environmental health are fostered. The service and parking areas, as well as the entrance plaza, a children's playground, an edible forest garden, and a soccer field are located nearby, on their respective lots.

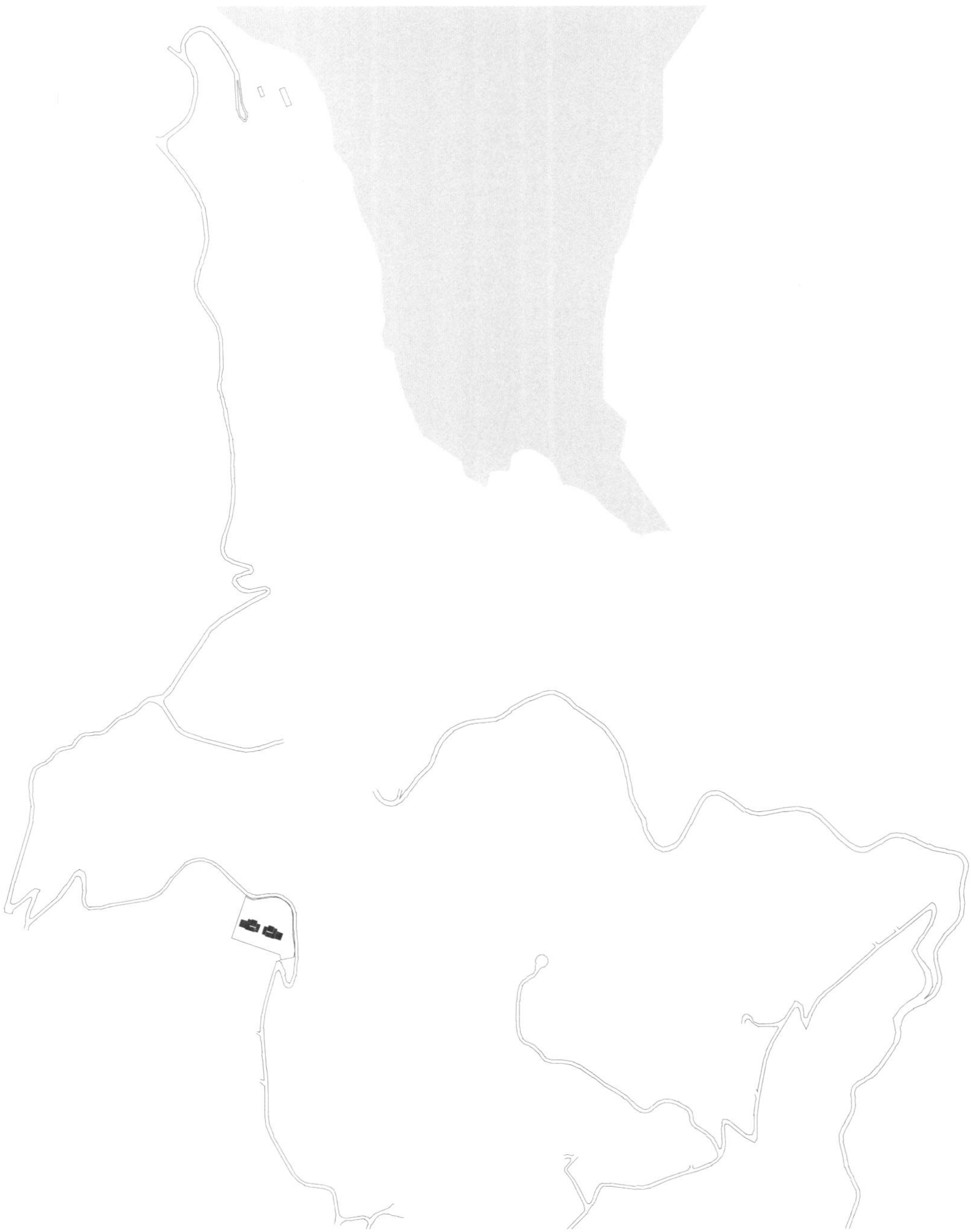

MAPA DE UBICACIÓN
LOCATION MAP

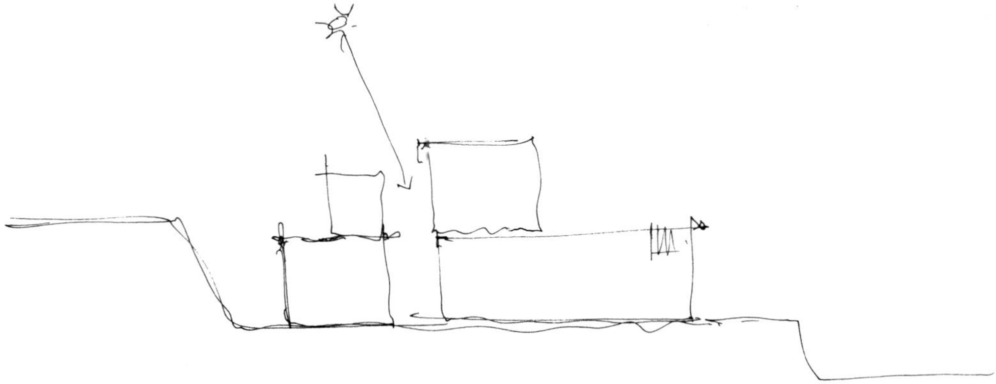

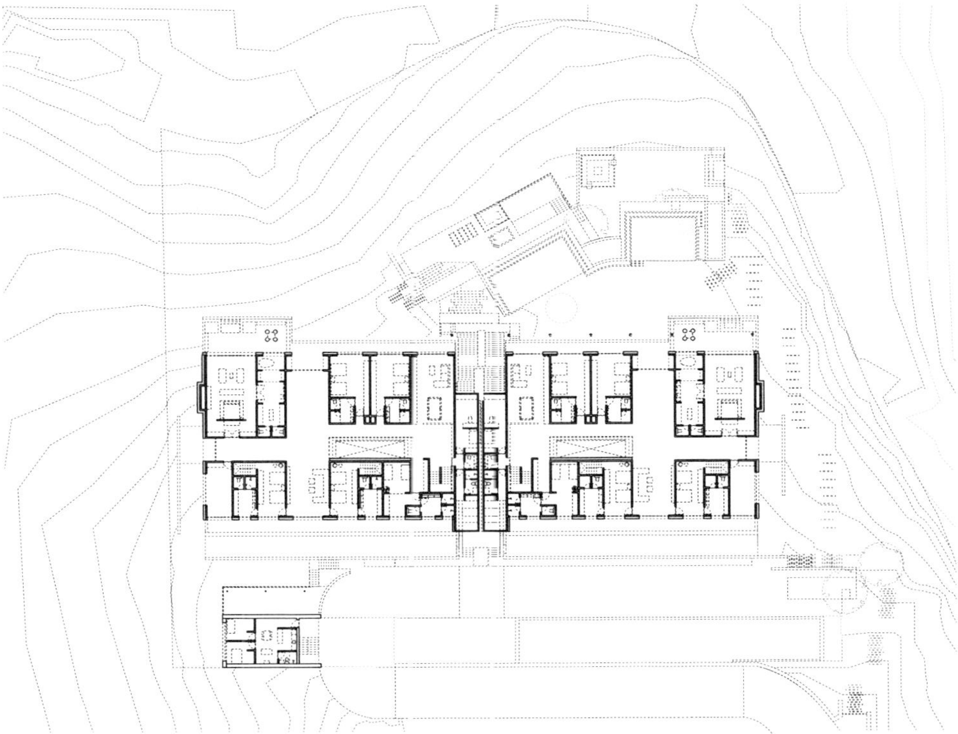

PLANTA SÓTANO / ÁREA PRIVADA

BASEMENT LEVEL PLAN / PRIVATE AREA

N 0 2 10 50

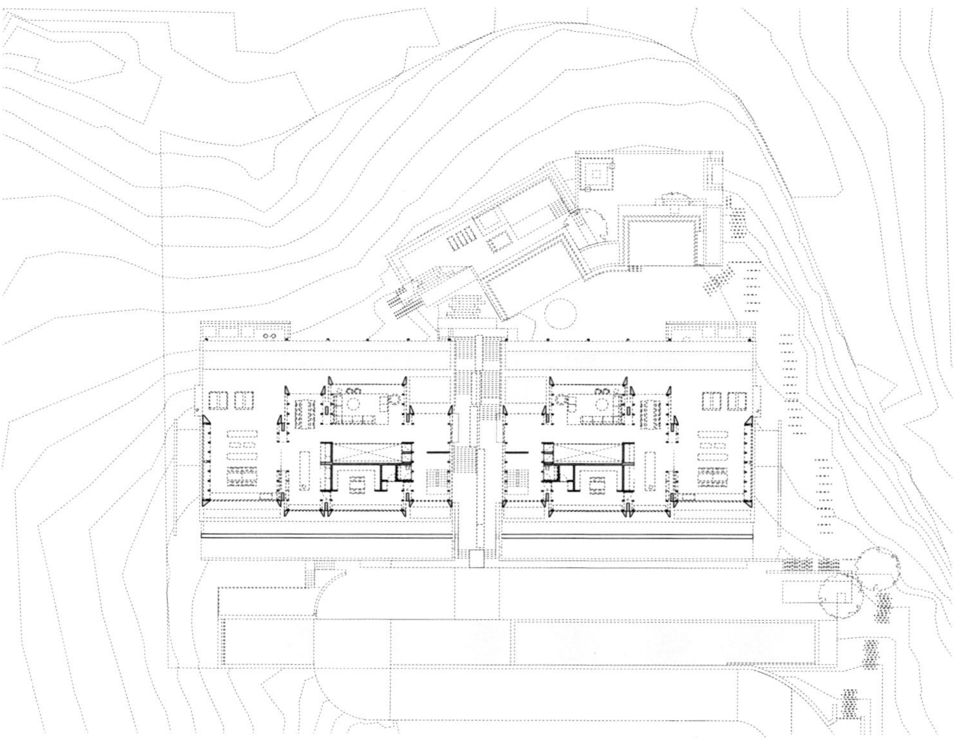

PLANTA ACCESO / ÁREA PÚBLICA
ACCESS LEVEL PLAN / PUBLIC AREA

N 0 2 10 50

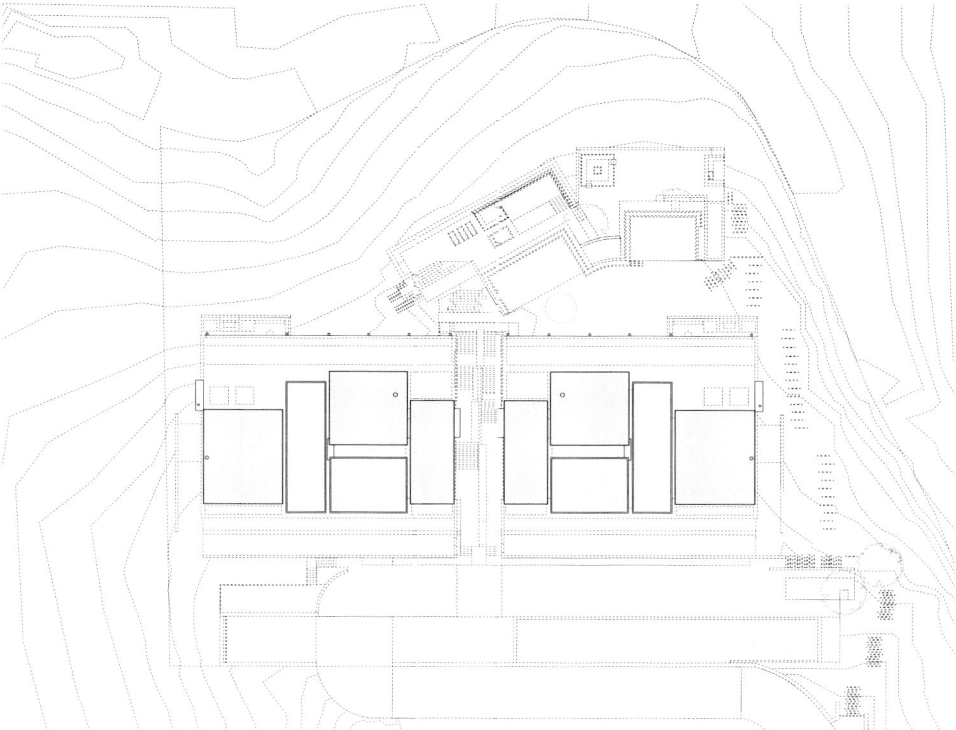

PLANTA AZOTEA

RCOFTOP PLAN

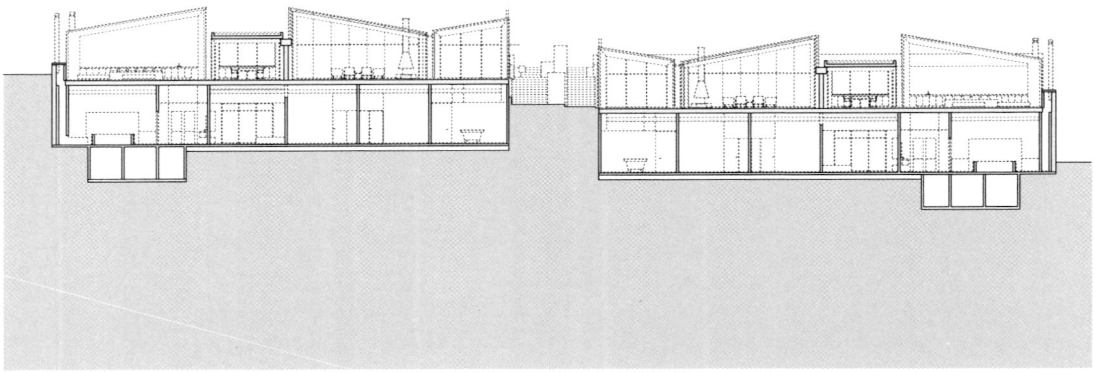

SECCIÓN LONGITUDINAL
LONGITUDINAL SECTION

0 | 2 | 10

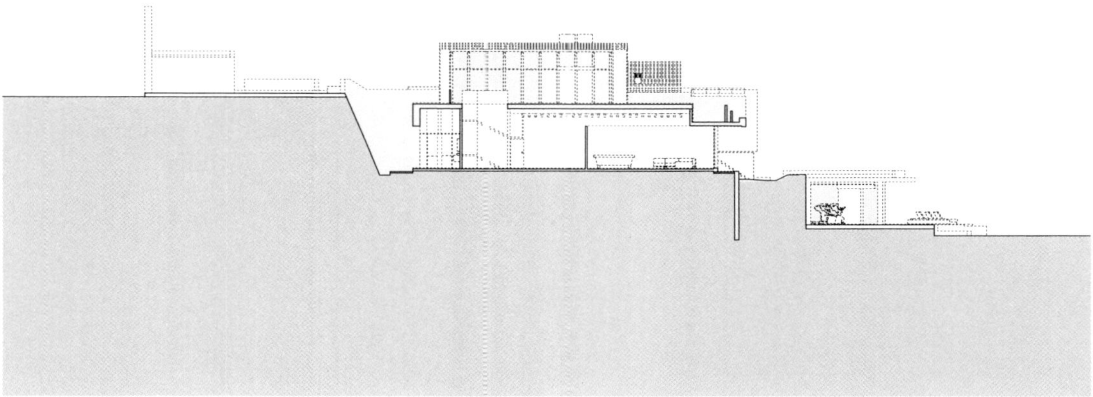

SECCIÓN TRANSVERSAL
TRANSVERSAL SECTION

DEL TERRITORIO AL HABITANTE

Año Year: 2018

Área construida Constructed surface area: 41 m²

Ubicación Location: Apan, Hidalgo

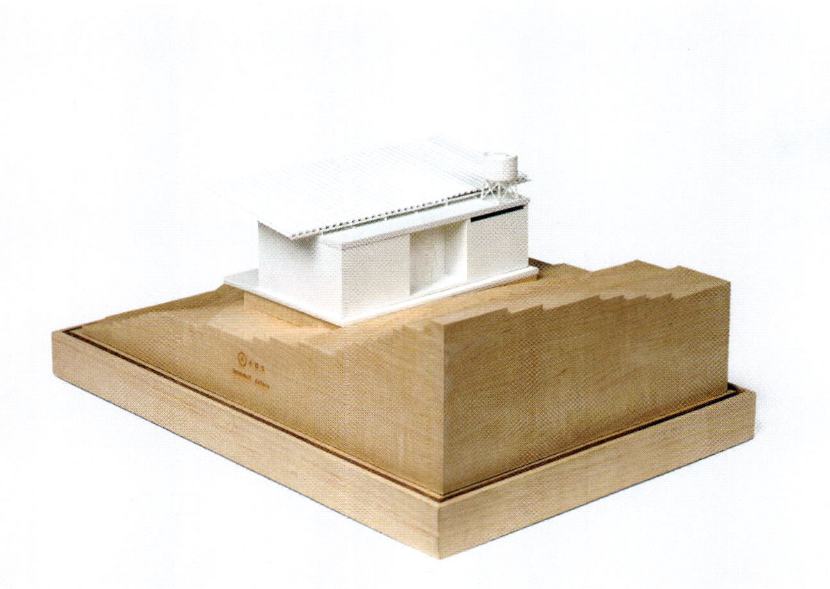

La propuesta arquitectónica es una tercia de cajas/módulos que dan la percepción de ser tres elementos de adobe independientes que están unidos por una losa de concreto.

Las cajas habitacionales son de adobe. En estos módulos se encuentra la recámara, el comedor y la sala. A estos espacios se integra el módulo de servicio como único elemento de piedra. Estos módulos se pueden ampliar para cubrir las necesidades de cada familia.

Por fines bioclimáticos, se propone un doble techo de lámina inclinado que se soporta con una estructura metálica, la cual, aparte de brindar sombra a la vivienda, nos permite tener un aislamiento térmico, un espacio de ventilación que ayudará al enfriamiento de la vivienda y que facilitará también la recolección de aguas pluviales.

The design is based on a trio of boxlike modules that convey the impression of being three independent elements (made of adobe), joined by a concrete roof slab.

The living spaces are contained in the adobe modules: bedroom, dining area, and living area. The service module, the only element constructed of stone, is integrated with these spaces. The modules can be expanded to meet the needs of individual families.

For bioclimatic purposes, a second roof consisting of a slanting sheet is supported by a metallic structure. This provides shade, thermal insulation, ventilation to keep the dwelling cool during the hot months, and a means for gathering rainwater.

262

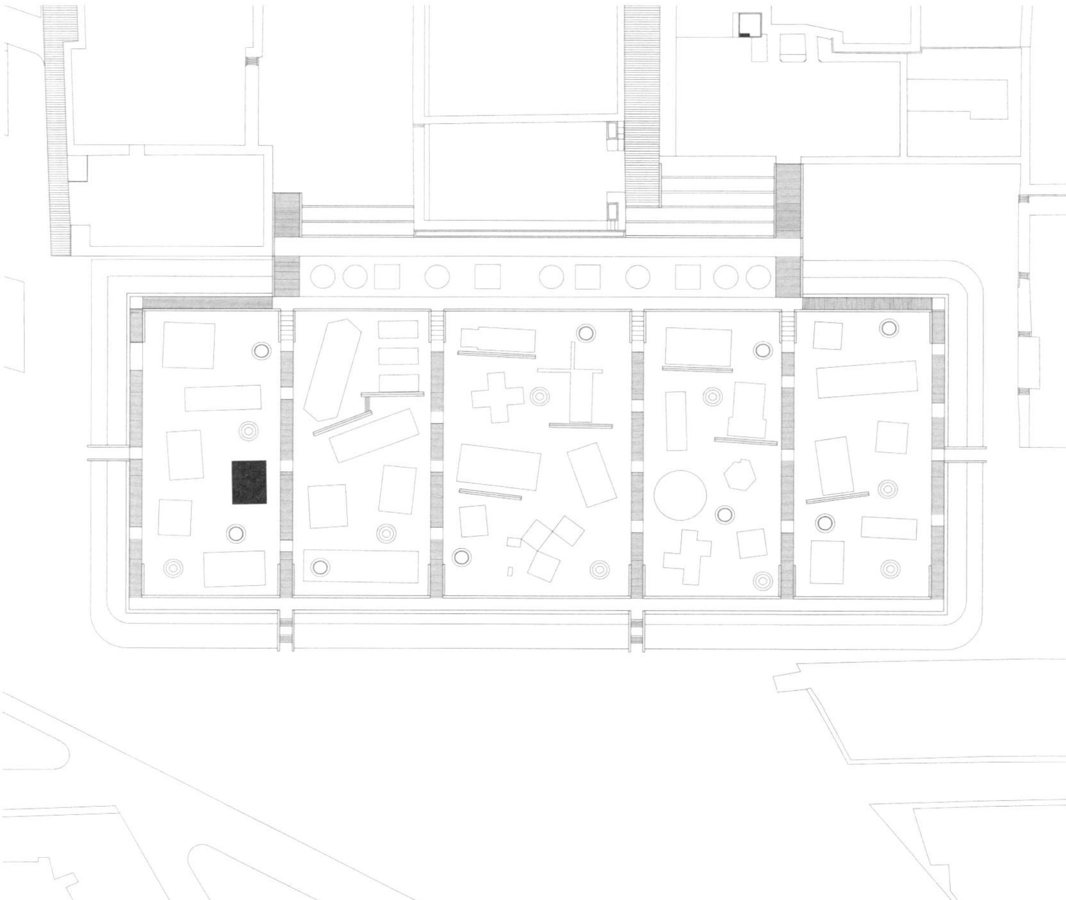

MAPA DE UBICACIÓN
LOCATION MAP

N 0 10 50

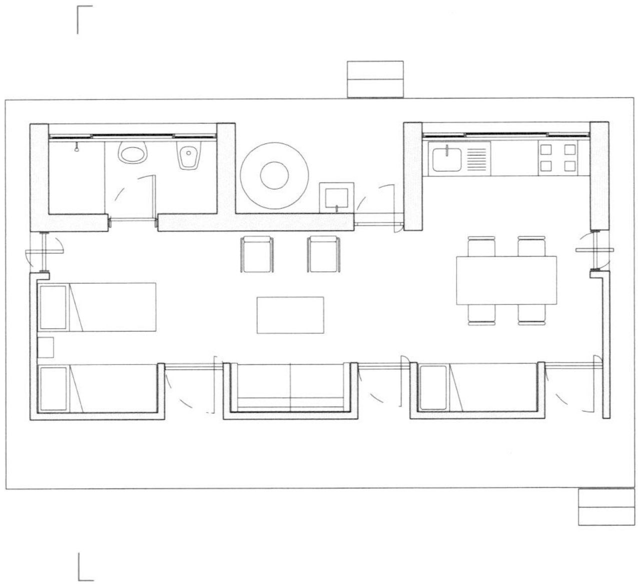

PLANTA BAJA

GROUND FLOOR PLAN

N 0 2 10

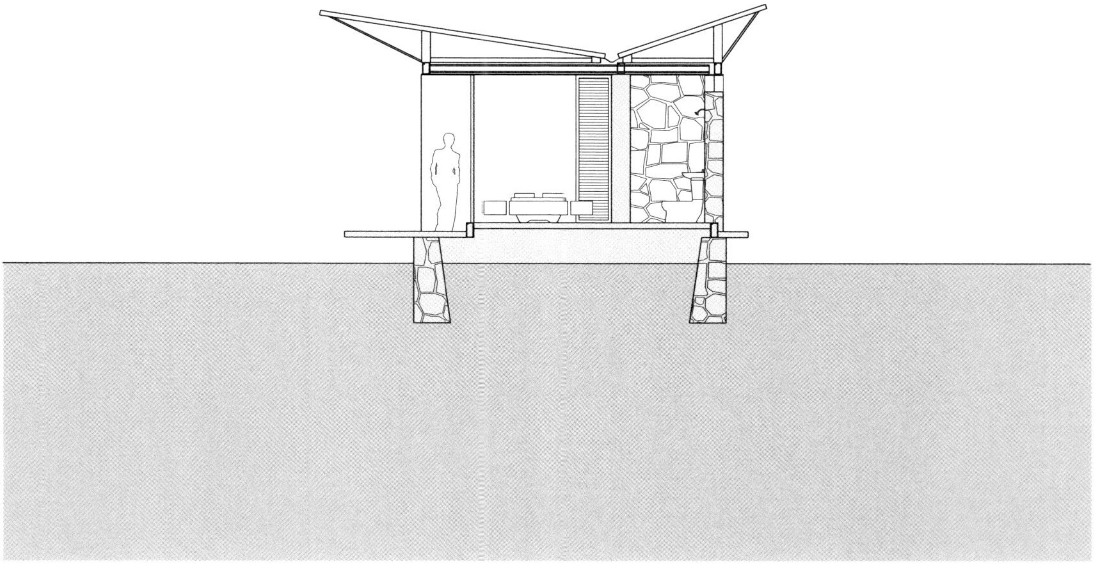

SECCIÓN TRANSVERSAL
TRANSVERSAL SECTION

28

SEMBLANZA

ALONSO DE GARAY

Es arquitecto por la Universidad Anáhuac de la Ciudad de México. Tiene una maestría en Desarrollos Inmobiliarios por la misma universidad y una maestría en Arquitectura y Diseño Urbano en Columbia University Graduate School of Architecture Planning and Preservation (GSAPP). Es miembro del Patronato del Museo Universitario de Arte Contemporáneo (MUAC) y titular del Capítulo de Diseño Moderno y Contemporáneo, también miembro del CAM-SAM, del Patronato de Arte Contemporáneo A.C. (PAC) y de la Fundación Futuro I.A.P. En 2003 fundó Tierra Capital, empresa que ha concretado diversos proyectos residenciales, comerciales y de oficinas en México. En 2011 se unió al equipo de diseño del arquitecto Norman Foster (Foster + Partners). En 2012 estableció Taller ADG, una práctica arquitectónica basada en la colaboración interdisciplinaria para el desarrollo de ideas y proyectos de arquitectura, urbanismo y paisaje. En 2018 fundó GBM Real Estate como un grupo de inversión institucional especializado en proyectos inmobiliarios en México.

ALONSO DE GARAY

Alonso de Garay is an architect graduated from the Universidad Anáhuac in Mexico City, a master's degree in real estate development from the same institution, and a master's in architecture and urban design from the Graduate School of Architecture, Planning and Preservation at Columbia University in New York. He is a member of the board of trustees of the Museo Universitario de Arte Contemporáneo (MUAC) and a member of the Capítulo de Diseño Moderno y Contemporáneo, the CAM-SAM (Colegio de Arquitectos de la Ciudad de México-Sociedad de Arquitectos Mexicanos), the Patronato de Arte Contemporáneo A.C. (PAC), and the Fundación Futuro I.A.P. In 2003 he founded Tierra Capital, a firm that has developed several residential and commercial buildings in Mexico. In 2011 he joined the design team of architect Norman Foster (Foster + Partners) and in 2012 established Taller ADG, a firm that practices interdisciplinary collaboration for the development of ideas and projects in the areas of architecture, urban planning, and landscape design. In 2018 he founded GBM Real Estate, an institutional investment fund specializing in real estate projects in Mexico.

CRÉDITOS CREDITS

ESTADIO ALFREDO HARP HELÚ

Proyecto arquitectónico Architectural design: **Alonso de Garay, Francisco González-Pulido (FGP ATELIER), Colaboradores Taller ADG** Project team: **Ulises Morales, Eduardo Lorenzana, Javier Vilchis, Alberto Cabrera, Xavier García, Alejandra Romo, Jorge Güendulaín, Área construida** Constructed surface area: **60,000 m², Año** Year: **2019, Paisaje** Landscaping: **Entorno, Estructura de la cubierta e ingeniería de la membrana** Roof structure and membrane engineering: **Werner Sobek, Estructura edificio y cubierta** Building and roof structure: **Izquierdo Ingenieros, Deportivo** Sporting installations: **Populous, MEP Internacional** International MEP: **WE Engineering, MEP Local** Local MEP: **CYVSA, Bemlo Eléctrica, Garza Maldonado y Asociados, DYPRO, Iluminación de campo** Playing field lighting: **MUSCO, Iluminación internacional** International lighting: **L-Plan, Iluminación local** Local lighting: **L+F, Iluminación, Diseño de señalización** Sign design: **Manuel Álvarez y Taller ADG, Consultor de viento** Wind consultant: **RWDI, Gerencia de proyecto** Project management: **ADETEC, Diseño de conexiones de cubierta** Design of roof connections: **CMF, Estructura de concreto y acero** Steel and concrete structure: **Tollan (México) y Wassner (México), Cubierta** Roof: **Dunn Lightweight Architecture (México), Instalaciones mecánicas, eléctricas y plomería** Mechanical, electrical, and plumbing installations: **Aldesa (Spain), Equipo especial, voz y datos** Special equipment and voice and data: **Logen (México), Albañilería y acabados** Plastering and finishings: **Zersor (México), Asientos** Seating: **Euro Seating (España/Suiza), Campo de juego** Playing field: **PRODISA (México) Y OMITLAN, Fachadas prefabricadas** Prefabricated façades: **FAPRESA, Soportes temporales de cubierta** Temporary roof supports: **Ulma, Acabados interiores y palco ejecutivo** Interior finishings and executive box: **INK, Misceláneos de acero** Miscellaneous steel: **JISAMM, Cubiertas de concesiones** Concession roofs: **Lonas Lorenzo, Grúas** Cranes: **ESEASA, Prefabricados de graderío** Prefabricated grandstand elements: **SEPSA, Acabados misceláneos** Miscellaneous finishings: **Grupo Pena, Esculturas conmemorativas** Commemorative sculptures: **MEVIMA, Señalética** Signing: **DOMA, Laboratorios de concreto** Concrete laboratories: **Edylsa, Audio y video** Audio and video: **Artcoustix, Sistema sifónico** Siphoning system: **Geberit, Filmación** Filming: **Lumática, Maqueta** Mockup: **Ana Luna, Fotografía maqueta** Mockup photography: **Jaime Navarro, Fotografía proyecto** Project photography: **Rafael Gamo**

ESTADIO FRAY NANO

Proyecto arquitectónico Architectural design: **Alonso de Garay, Colaboradores** Project team: **Jorge Güendulaín, Ulises Morales, Eduardo Lorenzana, Javier Vilchis, Alberto Cabrera, Daniel Camacho, Área construida** Constructed surface area: **4,395 m²,** **Año** Year: **2015 Estructura** Structure: **PRECSA, Ing. Arturo Güendulaín, Instalaciones: Eléctricas** Electrical installations: **BEMLO, Hidrosanitarias** Plumbing: **GHA, Instalaciones especiales** Special installations: **LOGEN, Iluminación de campo** Playing field lighting: **MUSCO, Maqueta** Mockup: **Ana Luna, Fotografía maqueta** Mockup photography: **Jaime Navarro, Fotografía proyecto** Project photography: **Camila Cossio**

CASA DESIERTO DE LOS LEONES

Proyecto arquitectónico Architectural design: **Alonso de Garay, Colaboradores** Project team: **Ana Luisa Cabrera, Israel Vergara, Ana Cantú, Alberto Cabrera, Jessica Mijares, Fabiola Sánchez, Noé Terrazas, Anahí Reyes, Antonio Mondragón, Área construida** Constructed surface area: **835 m², Año** Year: **2017, Estructura** Structure: **a+ce, Instalaciones** Installations: **DINN Ingenierías, Maqueta** Mockup: **Ana Luna, Fotografía maqueta** Mockup photography: **Jaime Navarro, Fotografía proyecto** Project photography: **Rafael Gamo**

DEPARTAMENTO BEZARES

Proyecto arquitectónico Architectural design: **Alonso de Garay, Diseño de interiores y selección de muebles** Interior design and selection of furnishings: **Micaela de Bernardi (MDB), Colaboradores** Project team: **Fabiola Sánchez, Israel Vergara, Alberto Cabrera, Adrián de Lucio, Gustavo Carrillo, Noé Terrazas, Área construida** Constructed surface area: **653 m², Año** Year: **2017, Estructura** Structure: **a+ce, Acunsa: Jorge Torrentera, Instalaciones eléctricas** Electrical installations: **Bemlo, Iluminación** Lighting: **L+F, Maqueta** Mockup: **Ana Luna, Fotografía maqueta** Mockup photography: **Jaime Navarro, Fotografía proyecto** Project photography: **Onnis Luque**

UN CUARTO MÁS

CIDS (Infonavit) Proyecto arquitectónico Architectural design: **Alonso de Garay, Alejandra Romo, Colaboradores** Project team: **Luis Bolaños, Alberto Cabrera, Daniel Camacho, Área construida** Constructed surface area: **9 m², Año** Year: **2017, Diseño y fabricación de mobiliario** Design and fabrication of furnishings: **La Metropolitana, Maqueta** Mockup: **Ana Luna, Fotografía maqueta** Mockup photography: **Jaime Navarro, Fotografía proyecto** Project photography: **Jaime Navarro**

TERMINAL 1

Proyecto arquitectónico Architectural design: **Alonso de Garay, Colaboradores** Project team: **Ricardo Peña, Eduardo Lorenzana, Alberto Cabrera, Gerardo Sainz, Adrián de Lucio, Ricardo Acuña, Área construida** Constructed surface area: **5,560 m², Año** Year: **2017 Estructura** Structure: **Colinas de Buen, Instalaciones hidrosanitarias y eléctricas** Plumbing and electrical installations: **SAUR Ingenierías, Instalaciones especiales** Special installations: **Logen, Ventilación y Extracción** Ventilation and extraction: **CYVSA, Iluminación** Lighting: **L+F, Maqueta** Mockup: **Ana Luna, Fotografía de maqueta** Mockup photography: **Jaime Navarro, Fotografía proyecto** Project photography: **Rafael Gamo**

ZACATECAS 3

Proyecto arquitectónico Architectural design: **Alonso de Garay, Colaboradores** Project team: **Ricardo Peña, Alberto Cabrera, Ana Cantú, Estefanía Elliot, Tamara Michellod,**

Sandra Quiroz, Adrián Pérez, Gerardo Sainz, Área construida Constructed surface area: **4,695 m², Año** Year: **2019, Estructura** Structure: **SIEST, Oscar Zúñiga, Instalaciones hidrosanitarias y eléctricas** Plumbing and electrical installations: **GHA, Aire acondicionado** Air conditioning: **CYVSA, Especiales** Special installations: **Logen, Maqueta** Mockup: **Ana Luna, Fotografía maqueta** Mockup photography: **Jaime Navarro, Fotografía proyecto** Project photography: **Rafael Gamo**

BUNA / SARTORIA

Proyecto arquitectónico Architectural design: **Alonso de Garay, Colaboradores** Project team: **Israel Vergara, Ana Cantú, Jessica Mijares, Antonio Mondragón, Área construida** Constructed surface area: **100 m², Año** Year: **2017, Contratista general** General contractor: **MAZ ARQUITECTOS, Maqueta** Mockup: **Ana Luna, Fotografía maqueta** Mockup photography: **Jaime Navarro, Fotografía proyecto** Project photography: **Rafael Gamo**

CASAS ÍZAR

Proyecto arquitectónico Architectural design: **Alonso de Garay, Diseño de interiores y selección de muebles** Interior design and selection of furnishings: **casa 1** house 1 **Micaela de Bernardi (MDB), casa 2** house 2 **Mariana Rivera, Colaboradores** Project team: **Fabiola Sánchez, Ana Luisa Cabrera, Juan Pablo Fernández Cueto, Lizeth Reyes, Noé Terrazas, Alberto Cabrera, Israel Vergara, Jessica Mijares, Sustentabilidad** Sustainability: **Alejandra Romo, Noemí Loría, Universidad del Medio Ambiente (UMA), Área construida** Constructed surface area: **1,560 m² cada una** each, **Año** Year: **2019, Estructura** Structure: **a+ce, Instalaciones** Installations: **DINN Ingenierías, Instalaciones especiales** Special installations: **Alejandro Farca, Iluminación** Lighting: **L+F – MCI, Maqueta** Mockup: **Ana Luna, Fotografía maqueta** Mockup photography: **Jaime Navarro, Fotografía proyecto** Project photography: **Rafael Gamo**

DEL TERRITORIO AL HABITANTE

CIDS (Infonavit) Proyecto arquitectónico Architectural design: **Alonso de Garay, Colaboradores** Project team: **Alejandra Romo, Sandra Quiroz, Área construida** Constructed surface area: **41 m², Año** Year: **2018, Diseño y fabricación de mobiliario** Design and fabrication of furnishings: **La Metropolitana, Maqueta** Mockup: **Ana Luna, Fotografía maqueta** Mockup photography: **Jaime Navarro, Fotografía proyecto** Project photography: **Jaime Navarro**

TALLER ADG

Alonso de Garay
Ana Luisa Cabrera
Ana Cantú
Alberto Cabrera
Anahí Reyes
Adrián Pérez
Alejandra Romo
Anabel Fernández
Ana Lourdes Carrillo
Aída Cantú
Adrián De Lucio
Amairani Hernández
Ana Claudia Ocampo
Angélica Quiñónez
Antonio Mondragón
Ángel Trejo
Carmen Cantú
Carlos Acosta
César Rojas
Charles Lobatón
Daniel Camacho
Daniela Garza
Eduardo Lorenzana
Estefanía Elliot
Eduardo García
Fabiola Sánchez
Gerardo Sainz
Griselda Ramírez
Gustavo Carrillo
Israel Vergara
Jimena Ancona
Jessica Mijaes
Jorge Guendulain
Juan Pablo Fernández Cueto
Jorge Torres
Javier Vilchis
Juan Manuel Prieto
Luis Bolaños
Lucía Cantú
María Paula Rico
Mónica Cuellar
Marbet Salazar
María Del Rocío Álvarez
Miguel Ángel Suárez
Miriam Bobadilla
Marco Antonio Muñíz
Noé Terrazas
Noemí Loría
Natalia Carpinteiro
Nadia Lozada
Pilar López
Ricardo Peña
Ricardo Acuña
Rodrigo Ruíz
Santiago Silva
Sandra Quiroz
Surya Son
Salomón Sutton
Tamara Michellod
Tatiana Quiroz
Ulises Loman
Ulises Morales
Xavier García

Taller ADG fue impreso y encuadernado en septiembre de 2020 en Asia Pacific Offset, en China. Fue impreso en papel IKPP de 120 g. Para su composición se utilizó la familia tipográfica Gotham. El tiraje consta de 2,000 ejemplares.

Taller ADG was printed and bound in September 2020 by Asia Pacific Offset in China. It was printed on 120 gsm IKPP paper and set in typefaces of the Gotham family. The print run was 2,000 copies.